DER ESOTERISCHE CARL JUNG

HANDBUCH DER JUNGSCHEN MAGIE

Jungsche Magierituale, Tarot und Seelen-Alchemie für psychische Manifestation und Transformation

Margarita Mística

Alle Rechte vorbehalten. Kein Teil dieses Buches darf ohne schriftliche Genehmigung der Autorin in irgendeiner Form oder durch irgendein elektronisches oder mechanisches Mittel reproduziert oder übertragen werden, einschließlich Fotokopieren, Aufzeichnung oder durch ein Informationsspeicher- und -abrufsystem.

Wichtiger Haftungsausschluss: Dieses Buch dient ausschließlich Bildungs- und Unterhaltungszwecken. Die Autorin hat alles unternommen, um vollständige, genaue, aktuelle und verlässliche Informationen bereitzustellen, jedoch kann dies nicht garantiert werden. Die Autorin ist keine Expertin für Rechts-, Finanz-, Medizin- oder professionelle Beratung. Die Informationen in diesem Buch wurden aus verschiedenen Quellen zusammengetragen, weshalb es wichtig ist, vor der Anwendung der beschriebenen Techniken einen Fachmann zu konsultieren. Mit dem Lesen dieses Buches erklären Sie sich damit einverstanden, dass die Autorin für keinerlei direkte oder indirekte Verluste haftet, die durch die Nutzung der bereitgestellten Informationen entstehen könnten, einschließlich Fehler oder Ungenauigkeiten.

COPYRIGHT© Margarita Mística

Inhalt

Vorwort 1

ERSTER TEIL – JUNGSCHE THEORIE 6

I. Grundlagen 6

1. Einleitung: Die Brücke zwischen Jung und der Esoterik 7

2. Grundlagen der Analytischen Psychologie für die esoterische Praxis 11

3. Die Macht des Symbols: Erschaffung deiner eigenen magischen Sprache 16

4. Synchronizität und Magie: Die Nutzung bedeutsamer Zufälle 21

5. Magie der Elemente: Rituale basierend auf den vier jungschen Elementen 26

II. Grundlegende Werkzeuge 32

6. Anrufung von Archetypen: Rituale zum Erwecken primordialer Kräfte 33

7. Jungsches Tarot: Ein Orakel für das Unbewusste 39

8. Magisches Mandala: Rituale der Integration und Ganzheit 46

9. Magie der Worte: Mantras und Affirmationen aus analytischer Perspektive 51

10. Träume und Rituale: Brücken zwischen dem Unbewussten und der Wirklichkeit 57

III. Innere Arbeit 62

11. Der Schatten und seine Rituale: Konfrontation und Transmutation des Verdrängten 63

12. Die Individuation als großes alchemistisches Werk: Rituale der persönlichen Transformation 68

13. Die Heldenreise: Rituale zur Überwindung persönlicher Hindernisse 77

14. Alchemie der Liebe: Rituale für die Integration von Anima und Animus 81

15. Psychischer Schutz: Zauber zur Stärkung der Ego-Grenzen 85

IV. Fortgeschrittene Praktiken 89

16. Erschaffung psychischer Talismane: Objekte persönlicher Macht 90

17. Rituale der Fülle: Manifestation inneren und äußeren Reichtums 94

18. Rituale der Heilung: Integration von Körper, Geist und Seele 99

19. Mondmagie: Zyklen und Rhythmen in der Psyche und den Ritualen 104

20. Schamanismus und Tiefenpsychologie: Reisen in die psychische Unterwelt 110

21. Rituale der Ahnen: Verbindung mit dem kollektiven familiären Unbewussten 116

ZWEITER TEIL – RITUALE 120

V. Rituale der Jungschen Magie............124

VII. Selbsterkenntnis...............................134

VIII. Kreativität......................................138
   Schatztruhe der Inspiration: Amplifikation
   kreativer Gaben 138
   Tanz der Farben: Intuitive kreative
   Expression 139

IX. Vergebung..142
   Fluss der Vergebung: Loslassen des
   Gewichts des Grolls 145

X. Traum 148
   Traumschlüssel: Öffnung der Pforten des
   Traumgedächtnisses 148
   Trauminkubation: Empfang von Orientierung
   aus dem Unbewussten 150
   Ariadnes Faden: Den Weg im Labyrinth
   der Psyche finden 151

XI. Selbstwertgefühl..............................154
   Innerer Garten: Kultivierung des inneren
   Wertes 154
   Lichtkrone: Wiederherstellung von
   Würde und inhärentem Wert............. 155

XII. Schutzrituale 158

XIII. Jungsche Rituale mit dem Tarot ...162

Rituale für die Liebe 162

Rituale für Wohlstand 165

Rituale für Heilung 169

Rituale für Kreativität 172

Rituale für Weisheit und Klarheit 178

Rituale für Familienbeziehungen 180

Rituale für persönliche Transformation 182

Epilog: Integration der Magie in
den Alltag 186

Vorwort

Carl Gustav Jung war ein Erforscher menschlicher Tiefen, ein Mann, der in Symbolen und Mythen die universelle Sprache der Seele fand. Sein Leben war geprägt von Erfahrungen, die das Rationale überstiegen: Visionen leuchtender Gestalten in der Kindheit, prophetische Träume, Dialoge mit Wesen, die sein psychisches Imaginarium bevölkerten. Diese Erlebnisse waren weit mehr als bloße Anekdoten – sie formten sein Verständnis der Psyche als Territorium, in dem sich das Mystische und das Psychologische verflechten. Jung suchte nicht, das Übernatürliche zu validieren, sondern zu entschlüsseln, wie Symbole – seien es uralte Mythen, Traumbilder oder universelle Archetypen – als Werkzeuge dienen, um die verborgenen Schichten des Geistes zu navigieren.

Dieses Buch entspringt einer wesentlichen Prämisse: Rituale sind Akte psychischer Schöpfung. Wenn ein Symbol in Gesten, Objekten oder Worten verkörpert wird, verwandelt es sich in eine Brücke zwischen bewusster Absicht und den archetypischen

Kräften des kollektiven Unbewussten. Jung erkannte, dass diese ritualisierten Handlungen keine leeren Aberglauben sind, sondern Technologien zur Neuprogrammierung der Wahrnehmung. Jede Bewegung in einem Ritual – das Ziehen eines Kreises, das Verbrennen eines Blattes mit Wünschen, die Anrufung eines Archetyps durch das Tarot – ist ein Dialog mit der tiefen Psyche. Der Schlüssel liegt darin, dass das Unbewusste nicht zwischen einem physischen und einem symbolisch erlebten Ereignis unterscheidet: Für das Unbewusste sind beide Realitäten gleichermaßen greifbar. So wird das Ritual zu einer Sprache, die das Unbewusste versteht und assimiliert, und pflanzt in seinen tiefsten Schichten den Samen der gewünschten Veränderung.

Der Pygmalion-Effekt – die sich selbst erfüllende Prophezeiung – findet hier seinen höchsten Ausdruck. Wenn eine Person Zeit, Energie und Aufmerksamkeit in ein Ritual investiert, überzeugt sich ihr rationaler Geist allmählich von der Unvermeidlichkeit dessen, was sie zu manifestieren sucht. Es ist keine Magie im traditionellen Sinne, sondern angewandte Psychologie: Das Ritual fungiert als

Spiegel, der dem Unbewussten eine neue Erzählung zurückwirft, bis diese sich als subjektive Wahrheit verinnerlicht. Alejandro Jodorowsky demonstrierte mit seiner Psychomagie, wie scheinbar absurde Handlungen – etwa das Vergraben von Fotografien toxischer Eltern unter einem unfruchtbaren Baum – tief verwurzelte mentale Muster aufbrechen können. Die Wirksamkeit liegt nicht in der Logik der Handlung, sondern in ihrer Fähigkeit, Symbole zu mobilisieren, die mit universellen Archetypen resonieren.

Der erste Teil dieses Buches, Grundlagen der Analytischen Psychologie und der Esoterik, entschlüsselt, wie jungsche Konzepte – das kollektive Unbewusste, der Schatten, die Synchronizität – die transformative Kraft der Symbole erklären. Hier wird offenbart, warum ein mit Salz gezogener Kreis nicht nur eine Geste ist, sondern eine Aktivierung des Mandala-Archetyps, jenes Symbols der Ganzheit, das psychisches Chaos ordnet. Der zweite Teil, Rituale der Jungschen Magie, ist ein praktisches Kompendium, in dem Theorie zur Handlung wird: von Archetypen-Anrufungen bis zu Heilungszeremonien, die innere Alchemie mit symbolischen Akten verschmelzen.

Eine besondere Achse dieses Werkes bildet der Einsatz des Tarots – nicht als Wahrsageinstrument, sondern als rituelles Werkzeug. Jung erkannte in den Arkana ein System archetypischer Bilder, die universelle Muster der Psyche widerspiegeln. Auf diesen Seiten wird das Tarot für aktive Rituale genutzt: Karten werden auf Altären als Pforten zum Unbewussten arrangiert, in Transformationszeremonien verbrannt, in Meditationen verwendet, um die Energie des Magiers, der Hohepriesterin oder der Kraft zu verkörpern. Dieser in der esoterischen Literatur seltene Ansatz vereint psychologische Strenge mit okkulter Tradition. Er bietet eine Anleitung für jene, die oberflächliche Mystik transzendieren und sich mit den symbolischen Wurzeln der Magie verbinden möchten.

Die jungsche Magie verspricht nicht, äußere Kräfte zu beherrschen, sondern die Psyche zu alchemisieren. Jedes hier vorgeschlagene Ritual ist ein Akt praktischer Poesie, eine Methode, um durch Symbole,

Wiederholung und emotionales Engagement neue Erzählungen ins Unbewusste einzuprägen. Wie Jung schrieb: "Wer nach außen schaut, träumt; wer nach innen schaut, erwacht." Dieses Buch ist eine Einladung zum Erwachen durch die uralte Sprache der Rituale, in der jede Geste ein Wort und jedes Symbol ein Schlüssel ist, um die Wirklichkeit neu zu schreiben.

Margarita Mística

ERSTER TEIL – JUNGSCHE THEORIE
I. Grundlagen

Dieser Abschnitt stellt dir die grundlegenden Ideen vor, um zu verstehen, wie Jungs Psychologie mit der Magie verbunden ist. Wir werden sehen, warum diese beiden Bereiche, die so unterschiedlich erscheinen, tatsächlich viel gemeinsam haben. Die Kapitel geben dir die konzeptuellen Werkzeuge, die notwendig sind, um mit Magie aus psychologischer Perspektive zu arbeiten, und erklären Schlüsselkonzepte wie Symbole, Elemente und Synchronizitäten.

1. Einleitung: Die Brücke zwischen Jung und der Esoterik

Carl Gustav Jung, 1875 in Kesswil in der Schweiz geboren, war ein Pionier der Tiefenpsychologie, dessen Leben und Werk tief von seinem Interesse am Okkulten und Esoterischen geprägt waren. Seit seiner Kindheit erlebte Jung paranormale Phänomene, die seine Neugier weckten, diese Ereignisse durch analytische Psychologie und Parapsychologie zu erklären. Seine frühen Erfahrungen umfassen Visionen leuchtender, ätherischer Gestalten sowie unerklärliche Ereignisse wie das spontane Aufbrechen eines Nussbaum-Tisches in seinem Arbeitszimmer.

Jungs Interesse am Okkulten beschränkte sich nicht auf persönliche Erfahrungen, sondern erstreckte sich auf eine rigorose Untersuchung dieser Phänomene. Seine Faszination für das Paranormale war mit seinen eigenen Erlebnissen und dem Einfluss seiner mütterlichen Familie auf diese Fragen verbunden. Jung erforschte diese Phänomene nicht nur, sondern erlebte sie auch persönlich, was sein tiefes Interesse am „Verborgenen" erklärt.

Die Parallelen zwischen jungschen Konzepten und esoterischen Praktiken sind zahlreich und bedeutsam. Jung erkundete durch symbolische Formen transpersonale Aspekte der menschlichen Wirklichkeit und stellte Verbindungen zwischen der analytischen Psychologie und verschiedenen esoterischen Traditionen her. Seine Untersuchung der „psychischen Komplexe" und der „Archetypen" führte ihn in Bereiche, die traditionell zur Domäne okkultistischer und mystischer Praktiken gehört hatten.

Die Symbolik spielt sowohl in der jungschen Psychologie als auch in esoterischen Disziplinen eine entscheidende Rolle. Jung betrachtete Symbole als Manifestationen von Archetypen, universellen Mustern, die im tiefen oder kollektiven Unbewussten existieren. Diese Symbole, die in Träumen, Fantasien, Mythen und Kunstwerken erscheinen können, besitzen eine Bedeutung, die über ihre wörtliche Manifestation hinausgeht. Für Jung konnte die Arbeit mit Symbolen Menschen helfen, Aspekte ihrer selbst zu verstehen und zu akzeptieren, die andernfalls im Unbewussten verborgen blieben, und so zu größerer Selbsterkenntnis und persönlichem Wachstum führen.

Dieses Buch strebt danach, Jungs analytische Psychologie mit praktischen Ritualen zu verschmelzen und eine Brücke zwischen psychologischer Theorie und esoterischen Praktiken zu schaffen. Das Werk bietet eine Sammlung zeitgenössischer psychomagischer Rituale, die darauf ausgelegt sind, verschiedene menschliche Wünsche und Bedürfnisse anzugehen – etwa Fülle, Schutz vor negativen Energien, die Anziehung von Liebe und die Überwindung persönlicher Hindernisse. Jedes Ritual wird aus jungscher Perspektive analysiert und mit Archetypen, dem Individuationsprozess und dem kollektiven Unbewussten in Beziehung gesetzt.

Indem es analytische Psychologie mit praktischen Ritualen verschmilzt, liefert dieses Buch nicht nur eine solide theoretische Grundlage, sondern auch praktische Übungen, die es dem Leser ermöglichen, seine Psyche durch symbolische und transformative Handlungen zu erkunden. Es wird die Bedeutung persönlicher Symbolik und individueller Interpretation bei der Ausführung dieser Rituale betont, was einen introspektiven und psychologisch bereichernden Zugang zu esoterischen Praktiken fördert.

Im Kern dient dieses Werk als Brücke zwischen Jungs rigoroser psychologischer Arbeit und den alten esoterischen Traditionen und bietet eine einzigartige Synthese, die es den Lesern ermöglicht, die Tiefen ihrer Psyche durch praktische Rituale zu erforschen, die in der jungschen Theorie fundiert sind.

2. Grundlagen der Analytischen Psychologie für die esoterische Praxis

In das persönliche Unbewusste einzutauchen bedeutet, einen Keller voller vergessener Symbole zu betreten, wo Erinnerungen sich nicht auflösen, sondern den Moment abwarten, um sich zu manifestieren. Hier pulsieren die Komplexe, jene Knoten psychischer Energie, die die Wahrnehmung verzerren und den magischen Blick konditionieren. Ein Magier, der diese inneren Reflexe nicht kennt, wandelt blind umher und verwechselt seine Projektionen mit Botschaften aus anderen Ebenen. Bevor man einen Zauberspruch ausspricht, ist es unerlässlich, die Echos des eigenen mentalen Labyrinths zu entschlüsseln, denn jeder magische Akt ist ein Dialog mit den eigenen Schatten.

Jenseits dieses individuellen Reiches entfaltet sich das kollektive Unbewusste wie ein Ozean, in dem die Archetypen treiben – jene psychischen Strukturen, die Mythen und Rituale aller Kulturen formen. Jung beschrieb es als Matrix aller menschlichen Erfahrungen, doch der esoterische Praktizierende weiß, dass hier aktive Kräfte residieren, die anerkannt werden wollen. Ohne Verständnis zu invozieren heißt, Türen zu öffnen, ohne die Konsequenzen abzumessen; man kann nicht die Große Mutter rufen, ohne ihr verschlingendes Antlitz zu akzeptieren, noch das Glück anziehen, ohne den Preis zu verstehen, den jede Transformation fordert.

In diese Mysterien eingeweiht zu sein bedeutet nicht, ein Ziel zu erreichen, sondern einen Prozess kontinuierlicher Integration zu durchlaufen. Die jungsche Alchemie erleuchtet diesen Weg, auf dem die Individuation zu einem Zyklus inneren Sterbens und Wiedergebärens wird. Jedes wirksame magische Ritual spiegelt eine Phase der psychischen Arbeit wider: Wer einen Erzengel anruft, ohne seine eigenen inneren Energien ausbalanciert zu haben, beschwört nur ein leeres Echo. Magie gehorcht nicht dem fragmentierten Willen; sie verlangt, dass der Praktizierende ein kohärenter Knotenpunkt zwischen seinem Bewusstsein und den Kräften ist, die er mobilisiert.

Die alte hermetische Prämisse, dass sich Makro- und Mikrokosmos widerspiegeln, findet ihre Entsprechung in der Psyche. Ein Schutzkreis schützt nicht durch seine physischen Eigenschaften, sondern weil er im Geist des Magiers das Bild des Mandalas aktiviert, jenes Symbol der Ganzheit, das die Grenze zwischen dem Bekannten und dem Chaotischen markiert. Jedes Pentakel und jedes Sigil ist eine Brücke zwischen dem bewussten Geist und dem archetypischen Fluss, ein Symbol, das durch sein Vibrieren auf mehreren Wahrnehmungsebenen die Absicht mit der Manifestation verbindet.

Mit magischen Werkzeugen zu arbeiten bedeutet, mit Extensionen des Unbewussten zu operieren. Es geht nicht darum, ein Objekt mit fremder Energie aufzuladen, sondern es mit Fragmenten des eigenen Wesens zu durchtränken. Ein Athame, ein Stab oder ein Kessel sind keine externen Objekte, sondern symbolische Pforten zur Psyche des Magiers. Wenn der Praktizierende sein rituelles Schwert aus geschmolzenem Metall schmiedet, das mit seinen Tränen vermischt ist, verkörpert er die alchemistische Transmutation des Egos und meißelt in die Materie das Spiegelbild seiner eigenen inneren Reise.

Die Symbole, die Jahrhunderte überdauert haben – der Baum des Lebens, die Schlange, die ihren Schwanz verschlingt, die initiatische Höhle – sind keine bloßen kulturellen Abstraktionen. Sie erscheinen immer wieder, weil sie archetypische Muster ausdrücken, die in die Struktur der menschlichen Psyche selbst eingeschrieben sind. Wenn der Eingeweihte in einem wiccanischen Ritual in die Dunkelheit hinabsteigt, repliziert er dieselbe Reise, der sich der jungsche Adept beim Konfrontieren seines Schattens stellt. Die Höhle, der Abstieg, der symbolische Tod und die Wiedergeburt sind keine bloßen theatralischen Akte: Sie sind die Geographie innerer Transformation.

Jede magische Praxis ist eine psychospirituelle Technologie, ein Mechanismus zur intentionalen Interaktion mit den Archetypen. Das Tarot sagt nicht das Schicksal voraus, sondern entfaltet eine Karte des kollektiven Unbewussten, in der der Praktizierende seine eigenen verborgenen Dynamiken erkennen kann. Die Hohepriesterin zu invozieren bedeutet nicht, externes Wissen zu erbitten, sondern die intuitive Wahrnehmung in sich selbst zu aktivieren. Den Magier zu rufen heißt, sich an die Fähigkeit zu erinnern, die Wirklichkeit aus bewusstem Willen zu formen.

Beim Vertiefen dieser Dynamiken entdeckt der Magier ein wesentliches Paradoxon: Je mehr man versteht, dass Magie auf die Psyche wirkt, desto realer wird ihr Einfluss auf die äußere Welt. Die esoterische Praxis ist keine Bitte an fremde Entitäten, sondern ein Pakt mit den inneren Kräften, die sich – wenn sie mit dem archetypischen Fluss in Einklang gebracht werden – sowohl die Traumwelt als auch die greifbare Realität formen. So hört der Zauber auf, eine unsichere Bitte zu sein, und wird zu einem Akt der Kommunion mit den inneren Göttern, jenen Kräften, die Jung „autonome Faktoren" der Psyche nannte. Was sich innen transformiert, projiziert sich nach außen. Was sich im Geist löst, löst sich in der Materie. Und in diesem Augenblick hört Magie auf, Glaube zu sein, und wird zu gelebtem Wissen.

3. Die Macht des Symbols: Erschaffung deiner eigenen magischen Sprache

Keine magische Sprache entspringt willkürlicher Erfindung, sondern der Erkennung verborgener Zeichen in der tiefen Psyche. Im okkulten Strom des kollektiven Unbewussten entfalten sich die Urformen wie Fragmente einer verlorenen Sprache: die Spirale, Echo der Bewegung der Sphären; das Labyrinth, Schwelle der initiatischen Reise; der Ouroboros, Zeugnis der ewigen Wiederkehr. Die Aufgabe des Magiers besteht darin, diese Bilder zu entschlüsseln und sie einem Individuationsprozess zu unterwerfen, sie in lebendige Siegel zu transmutieren, die mit seiner inneren Geschichte resonieren. So wird ein Dreieck nicht nur ein abstraktes Emblem des Feuers sein, sondern der Abdruck einer initiatischen Erfahrung: die Silhouette einer Flamme, die in einem uralten Ritus entfacht wurde, oder die plötzliche Offenbarung, die das Bewusstsein in der Stunde des Erwachens entzündet.

Bestimmte Symbole fungieren als Verbindungen zwischen dem Ewigen und dem Intimen. Das Hexagramm beispielsweise ist nicht nur die Union von Makro- und Mikrokosmos in der Kabbala; für den modernen Magier kann es zur Matrix eines energetischen Paktes oder zum Scheitelpunkt eines Kraftwirbels werden. Die Zeichen müssen atmen, mit dem Ritus evolvieren und Bedeutungsschichten akkumulieren wie ein Papyrus, der bei jedem Kontakt neu beschrieben wird. Jung warnte vor der Gefahr, Symbole in starren Rahmen zu fixieren, denn ihr Wesen liegt in der Transformation. In der Alchemie der Magie ist eine gut bearbeitete Glyphe keine simple Zeichnung: Sie ist eine Schwelle, eine resonante Struktur, die je nach Absicht des Praktizierenden multiple Dimensionen aktivieren kann.

Jede emotionale Ladung wirkt als Feuer, das dem Symbol Leben einhaucht und es zu einem vibrierenden Knotenpunkt im psychischen Netz des Magiers verwandelt. Es genügt nicht, ein Zeichen zu erkennen; man muss es mit einem vitalen Puls durchdringen. Ein Kreis mit einem Punkt in seinem Zentrum mag wie ein inertes Sonnenembleme erscheinen, doch wenn er mit der Erinnerung an einen Sonnenaufgang nach einer Nachtwache in den Bergen assoziiert wird, verwandelt er sich in eine Kraftquelle. Hier offenbart sich ein Mysterium: Die gerichtete Aufmerksamkeit „aktiviert" nicht nur das Symbol, sondern lädt es mit einem eigenen Magnetismus auf und erschafft einen geschlossenen Kreislauf zwischen dem Praktizierenden und seinem Sigil. Eine Glyphe zu betrachten ist ein Akt der Kommunion: Der Magier beobachtet das Symbol, lässt sich aber auch von ihm beobachten. Seine Linien können den Schatten befragen, versiegelte Erinnerungen ausgraben und vergessene Potenzen an die Oberfläche bringen.

Eine eigene magische Sprache zu schmieden erfordert die Beherrschung der rituellen Synästhesie. Jedes Symbol muss in Empfindungen und multisensorischen Reizen verankert werden: der Duft von Myrrhe in Schutzzeichen, ein vibrierender Gesang beim Ziehen eines Sigils, die Berührung von Leder oder Seide beim Einritzen in ein Pergament. Diese präzise gewebten Assoziationen verwandeln das Symbol in eine lebendige Struktur innerhalb des Geistes und verbinden es mit neuronalen Mustern, die seine Aktivierung in veränderten Bewusstseinszuständen erleichtern. Ein Pentagramm wird nicht nur ein fünfzackiger Stern sein: Mit dem Geruch feuchter Erde und dem Gefühl kalten Steins unter den Fingern wird es die Präsenz der tellurischen Kräfte selbst verkörpern.

Transzendentale Erfahrungen in handhabbare Formen zu komprimieren ist die wesentliche Funktion des Symbols. Ein Magier, der sein Ego in der Weite des Äthers aufgelöst hat, kann diese Erfahrung in einem Mandala konzentrischer Spiralen verdichten, wo jede Windung der Linie eine überschrittene Bewusstseinsschwelle hervorruft. Beim Betrachten oder Nachschaffen wird er nicht nur seine Vision erinnern, sondern sie erneut erleben und das tiefe Gedächtnis der Erfahrung reaktivieren. Dieses Phänomen, das die Alchemisten Gedächtnis des Steins nannten, findet sein Echo in der modernen Neurologie, wo Gesten und Symbole veränderte Zustände induzieren können, indem sie sich mit

Schaltkreisen des enaktiven Gedächtnisses verbinden.

Nichts in der Gestaltung einer magischen Sprache darf zufällig sein. So wie bestimmte alchemistische Formeln instabile Reaktionen erzeugen, kann die Interaktion zwischen Symbolen auf einem Altar oder in einem Grimoire Synergien oder Dissonanzen generieren. Ein umgekehrtes Dreieck, geladen mit der Energie des Mondes, könnte ein nahes Sonnensiegel auslöschen oder verzerren und erfordert Ausgleichsglyphen wie konzentrische Kreise. Der fortgeschrittene Magier nimmt diese Spannungen wahr wie ein Musiker, der sein Instrument stimmt, und justiert sein symbolisches System, bis jedes Zeichen in Harmonie mit seiner Absicht und seinem inneren Kosmos resoniert. Die magische Sprache ist kein inertes Wörterbuch, sondern eine lebendige Konstellation von Symbolen in perpetuellem Tanz, Spiegelbild der Seele des Magiers auf seinem Weg der Transmutation.

4. Synchronizität und Magie: Die Nutzung bedeutsamer Zufälle

Die Wirklichkeit ist kein starrer Mechanismus, der allein von Kausalität regiert wird; sie ist ein lebendiges Gewebe, in dem sichtbare und unsichtbare Kräfte Schicksale, Gedanken und Zeichen verflechten. Die Synchronizität, jenes Flüstern des Kosmos, das Inneres und Äußeres durch bedeutungsgeladene Zufälle verbindet, ist die Spur einer höheren Intelligenz, die sich durch Symbol und Mysterium manifestiert. Wer dies begreift, wer lernt, diese Zeichen zu hören und zu lesen, tritt ein in die lebendige Magie des Universums, wo alles Sinn ergibt und nichts durch Zufall geschieht.

Eine sich wiederholende Zahl, ein Buch, das sich auf der präzisen Seite öffnet, eine zufällige Begegnung, die mit einer inneren Frage resoniert: Diese Manifestationen sind keine bloßen Zufälligkeiten, sondern Botschaften des kollektiven Unbewussten, die im rechten Moment auftauchen, um einen Weg zu weisen. Der Magier in seinem Tanz mit dem Unsichtbaren weiß, dass diese Zeichen nicht ignoriert werden dürfen. Sie zu akzeptieren und zu erforschen ist eine Form des Dialogs mit dem Göttlichen, ein geheimes Gespräch zwischen Seele und Schicksal. Magie ist in ihrer Essenz nichts anderes als die Kunst, diese verschleierte Sprache zu lesen und zu beantworten, die das Menschliche mit dem Heiligen vereint.

Wenn sich die magische Absicht in einem Ritual entfaltet, antwortet das Universum auf seine Weise. Ein auf der Straße gefundener Gegenstand, ein zufällig gehörter Satz, ein Symbol, das sich in Träumen und im Wachzustand wiederholt – alles kann eine Bestätigung sein, dass der Wille des Magiers in Resonanz mit den subtilen Kräften getreten ist. In diesem Augenblick verschwimmt die Grenze zwischen Psyche und Welt, und der Praktizierende nimmt die Vibration einer Wirklichkeit wahr, die nicht mechanisch, sondern symbolisch ist. Der rituelle Akt verändert nicht nur das Innere des Praktizierenden, sondern verbindet ihn mit einer umfassenderen Ordnung, einer, in der jedes Ereignis ein heiliges Echo besitzt.

Doch diese Kunst beschränkt sich nicht auf die Interpretation verstreuter Zeichen; sie erfordert einen verfeinerten Bewusstseinszustand, eine Bereitschaft, das Manifestierte ohne Vorurteil oder Furcht zu empfangen. Das Ego mit seinem Beharren auf Logik mag sich gegen diese Manifestationen sträuben, doch das Unbewusste – jenes Territorium, wo die Götter noch sprechen – erkennt sie sofort. Um diese Wahrnehmung zu schulen, kann der Magier sich in Praktiken vertiefen, die seine Sensibilität für das Symbolische erweitern: ein Tagebuch der Synchronizitäten führen, Beziehungen zwischen scheinbar unverbundenen Ereignissen ziehen, auf Orakel wie das Tarot oder die Astrologie zurückgreifen, um die verborgenen Strömungen zu lesen, die seine Existenz durchqueren.

Nichts davon operiert im Vakuum. Jedes Symbol, das sich in einer Synchronizität offenbart, ist ein Spiegel, der den inneren Zustand des Praktizierenden reflektiert. Wenn eine Person ständig Bilder offener Wege findet, während sie sich an einem existenziellen Scheideweg befindet, ist es nicht die äußere Welt, die ihr sagt, was zu tun ist, sondern ihr eigenes Unbewusstes, das sich durch die Materie manifestiert. Die Realität ist plastisch und antwortet auf den Blick des Beobachters. Je mehr der Magier diese Beziehung zur Synchronizität kultiviert, desto mehr wird er zum Mitschöpfer seines Schicksals. Es geht nicht darum, passiv auf das Erscheinen der Zeichen zu warten, sondern in den Strom der Existenz einzutreten mit dem Bewusstsein, dass jeder Gedanke, jede Emotion und jede Absicht sich im Gewebe der Welt widerspiegeln können.

Synchronizitäten sind weit mehr als simple Anekdoten – sie sind Einladungen zum Erwachen, Rufe, zu verstehen, dass die Wirklichkeit keine gerade Linie ist, sondern ein lebendiges Mandala, das sich in Spiralen der Bedeutung offenbart. Für jene, die ihre Sinne für diese Wahrheit geöffnet haben, ist Magie kein vom Alltag getrennter Akt: Sie ist das Leben selbst in seinem tiefsten Ausdruck. Das Universum antwortet nicht auf Kontrolle, sondern auf Kommunion. Wer die Zeichen mit Demut und Ehrfurcht beobachtet, wer versteht, dass jeder bedeutsame Zufall eine Antwort auf eine noch nicht formulierte Frage ist, wird zum Navigator der Mysterien. An diesem Punkt ist

Synchronizität nicht länger ein äußeres Phänomen, sondern ein Echo der Seele, das sich im Unendlichen manifestiert.

5. Magie der Elemente: Rituale basierend auf den vier jungschen Elementen

Die vier Elemente sind die primordialen Kräfte, die dem Gewebe der Psyche und des Universums selbst Form geben. Carl Jung identifizierte in seiner Erkundung der menschlichen Seele vier Bewusstseinsfunktionen, die die Dynamik dieser Elemente widerspiegeln: Das Feuer erstrahlt in der Intuition, die Erde verfestigt sich in der Empfindung, die Luft tanzt im Denken und das Wasser fließt in den Gefühlen. Doch diese Elemente operieren nicht im Gleichgewicht innerhalb des Individuums; eine Funktion dominiert, während eine andere sich im Schatten verbirgt, verbannt in den Bereich des Unbewussten. Die innere Alchemie verlangt vom Magier, jedes dieser Prinzipien in seiner Ganzheit zu integrieren und eine psychische Struktur zu schmieden, die fähig ist, die Bewusstseinserweiterung zu tragen.

Mit diesen Elementen zu arbeiten ist ein Akt der Transmutation. Das Feuer ist nicht nur Hitze und Flamme; es ist der Funke des Willens, die Kraft der Transformation. Sein Ritual ist ein Tanz mit der lebendigen Flamme, in dem sich der Eingeweihte dem Glanz seines eigenen Begehrens hingibt, seine visionäre Fähigkeit anfacht und die Unreinheiten der Seele verbrennt. Auf Pergament die Ängste zu schreiben, die fesseln, sie ins Feuer zu werfen und zu beobachten, wie der Rauch sie auflöst, ist ein heiliger Akt. Seine Essenz durch die Visualisierung einer glühenden Sphäre anzurufen, die im Solarplexus brennt und deren Hitze sich durch den Körper ausbreitet, bedeutet, sich mit der Kraft zu verbinden, die Schöpfung und Zerstörung antreibt.

Die Erde ist nicht nur fester Boden; sie ist der Anker, der Körper, die Inkarnation der Existenz in der Materie. Ihre Magie manifestiert sich in der Verbindung mit der greifbaren Welt, in der Pflege des Körpers als Tempel und in der Stabilität, die die Manifestation der Absicht ermöglicht. In ihrem Ritual wandelt der Magier barfuß über feuchte Erde, spürt ihre Festigkeit, erlaubt sich, von ihr gehalten und genährt zu werden. Einen Stein mit der Absicht zu vergraben, ein Projekt zu konsolidieren oder die Gesundheit zu festigen, bedeutet, dem Begehren einen Körper zu geben. Mit einem Stein in der Handfläche zu meditieren, sein Gewicht und seine Textur zu fühlen, seine uralte Kraft zu absorbieren, erlaubt es, sich mit dem tiefen Gedächtnis des Planeten einzustimmen.

Die Luft ist nicht nur Wind und Bewegung; sie ist der Geist, der fliegt, der Atem des Denkens, der Welten verbindet. Sie ist die Klarheit, die Verwirrung auflöst, die Inspiration, die durch Symbole und Worte flüstert. Ihr Ritual ist ein Gesang an die Fluidität der Ideen, ein Flüstern zum Wind, der Botschaften zu den Göttern trägt. Bewusst zu atmen, die Lungen mit vitaler Energie zu füllen, die Wahrnehmung über das mentale Rauschen hinaus zu erweitern, erlaubt es, dass der Intellekt zu einem scharfen Schwert wird. Eine Frage auf ein Papier zu schreiben und den Wind sie forttragen zu lassen ist ein Pakt mit dem Schicksal, ein Akt der Hingabe an die Weisheit des Kosmos.

Das Wasser ist nicht nur Fluidität und Tiefe; es ist der emotionale Abgrund, der Uterus der Intuition. Seine Magie liegt in der Fähigkeit, sich im Fühlen aufzulösen, die Wandelbarkeit der Seele ohne Widerstand zu akzeptieren. In seinem Ritual taucht der Magier in heilige Wasser ein, lässt sich von der Vibration der Flüssigkeit umhüllen, die ihn von schweren Erinnerungen reinigt. Bewusst zu weinen, die eigenen Tränen in einer Schale zu sammeln und sie in einen Fluss oder ins Meer fallen zu lassen, ist eine Form, die Leiden dem ewigen Fluss der Existenz zurückzugeben. Einen Schluck Wasser zu trinken, ihn im Mund zu halten, bevor man schluckt, und seine Essenz den Körper durchdringen zu lassen, bedeutet, das Gedächtnis des Lebens selbst zu absorbieren.

Jedes dieser Elemente hat sein Echo in der psychischen Struktur dessen, der sie anruft. Für den Magier, der die Meisterschaft sucht, ist der erste Schritt zu erkennen, welches Element seine Natur dominiert und welches schlafend in seinem Schatten liegt. Das Feuer kann außer Kontrolle brennen, wenn es nicht das Gewicht der Erde findet; die Luft kann sich richtungslos zerstreuen, wenn sie nicht die Führung des Wassers hat. Ein ritueller Kreis kann als Raum der Integration dienen, wo die vier Elemente in ihrer Fülle beschworen werden. In der Mitte stehend visualisiert der Magier jede Kraft, die sich mit seinem Sein ausrichtet, atmet die

Essenz jedes einzelnen ein und erlaubt dem Bewusstsein, sich auszudehnen und auszubalancieren.

Rituelle Objekte wie der Stab des Feuers, das Pentakel der Erde, der Dolch der Luft und der Kelch des Wassers fungieren als Anker, die die Energie kanalisieren. Ein Akt so simpel wie den Dolch vor das Gesicht zu halten und eine unterdrückte Wahrheit auszusprechen, kann die Türen zur Befreiung öffnen. Ein paar Tropfen Wasser vor dem Schlafengehen auf die Stirn zu träufeln kann die Kommunikation mit dem Unbewussten in der Traumwelt erleichtern. Das Geheimnis der elementaren Magie liegt in der direkten Erfahrung, in der aktiven Teilnahme an jeder Kraft, in der bewussten Beobachtung der Effekte, die sie in der Psyche erzeugen.

Die Begegnungen mit jedem Element in einem Tagebuch festzuhalten, Empfindungen, Bilder und auftauchende Träume zu notieren, erlaubt es, den Integrationsprozess zu kartieren. Es gibt keine einheitliche Formel, denn jedes Individuum muss seine eigene Sprache mit diesen Archetypen finden. Manche mögen mehr Feuer in ihrem Leben entfachen müssen, andere lernen, dem Flüstern des Windes zu lauschen oder furchtlos in die Tiefen des Wassers einzutauchen. Das Wichtige ist die konstante Alchemie, der ewige Tanz zwischen den vier Prinzipien, der Akt, eine Seele zu schmieden, die ihre eigene Weite nicht fürchtet.

II. Grundlegende Werkzeuge

Hier lernst du, die wichtigsten Werkzeuge zu nutzen, die du für die Praxis der jungschen Magie benötigst. Jedes Kapitel konzentriert sich auf ein spezifisches Werkzeug – wie das Tarot, die Mandalas oder die Träume – und erklärt dir Schritt für Schritt, wie du es verwendest. Dieser Abschnitt ist sehr praktisch: Er zeigt dir genau, was zu tun ist und wie es zu tun ist, damit du selbst mit diesen Techniken experimentieren kannst.

6. Anrufung von Archetypen: Rituale zum Erwecken primordialer Kräfte

Einen Archetyp anzurufen ist mehr als ein symbolischer Akt; es bedeutet, ihn zum Leben zu erwecken, ihn zu verkörpern, seiner Energie zu erlauben, sich aktiv in der persönlichen Erfahrung zu manifestieren. Es geht nicht darum, ihn aus der Distanz zu bewundern, sondern ihm einen Raum in der Psyche zu öffnen und ihn Wahrnehmung, Verhalten und Entscheidungen transformieren zu lassen. Jeder Archetyp ist eine lebendige Kraft im Unbewussten, ein primordiales Muster, das in der menschlichen Geschichte durch Mythen, Erzählungen und ikonische Figuren wirkt. Ihn zu rufen bedeutet, sich mit seiner Energie auszurichten und seinen Qualitäten zu erlauben, im Inneren zu erwachen.

Das Tarot ist eines der wirksamsten Werkzeuge für diese Art von Anrufungen. Jede Karte repräsentiert einen Archetyp, der aktiviert werden kann, wenn ihm mit klarer Absicht Aufmerksamkeit geschenkt wird. Um ein Anrufungsritual mit dem Tarot zu beginnen, wählt man die Karte, die die Energie repräsentiert, die man erwecken möchte. Wenn man Stärke vor einer Herausforderung benötigt, ist „Die Kraft" der geeignete Kanal; wenn man Führung und Weisheit sucht, antwortet „Der Eremit" auf diesen Ruf. Indem man die Karte in den Händen hält und sie aufmerksam betrachtet, prägt sich das Bild in die Psyche ein und ihre Energie beginnt, das emotionale Feld des Praktizierenden zu durchdringen.

Die Karte zu betrachten ist nur der erste Schritt. Damit der Archetyp wirklich aktiviert wird, ist es notwendig, zu ihm zu sprechen, ihn bei seinem Namen zu rufen und ihm eine direkte Bitte zu stellen. Man kann eine Affirmation laut oder im Flüsterton rezitieren, wie: „Ich rufe die Herrscherin in mir an, möge ihre Fülle und Kreativität sich in meinem Leben manifestieren." Diese Phrase zu wiederholen, während man die Karte betrachtet, verstärkt die Verbindung und gibt dem Integrationsprozess Form. Manche bevorzugen es, die Anrufung auf ein Papier zu schreiben und es in einer Kerze als symbolischen Akt der Aktivierung zu verbrennen.

Jenseits des Tarots verstärken physische Symbole die Anrufung. Wenn man mit „dem Magier" arbeitet, dienen Objekte auf dem Altar, die die vier Elemente repräsentieren – eine Kerze, ein Kelch mit Wasser, ein Räucherstäbchen und ein Stein – als Anker für seine Energie. Wenn der angerufene Archetyp „der Herrscher" ist, kann das Tragen eines Rings oder Amuletts aus Metall die Struktur und Autorität symbolisieren, die man inkorporieren möchte. Es ist nicht nötig, sich auf traditionelle Bilder zu beschränken; jedes Objekt mit starker symbolischer Ladung kann als Kanal dienen, um die Präsenz eines Archetyps anzuziehen. Eine Buddha-Statue kann die Brücke sein, um Gelassenheit und Weisheit anzurufen, ebenso wie ein Superhelden-Spielzeug mit Mut und Gerechtigkeit verbinden kann.

Eine der kraftvollsten Formen, einen Archetyp anzurufen, besteht darin, wie jene Menschen zu handeln, die ihn verkörpert haben. Das Verhalten nach bewunderten Figuren zu modellieren ist eine intuitive und mächtige Technik, die es erlaubt, die archetypische Energie auf praktische Weise zu integrieren. Dazu genügt es, sich zu fragen: „Was würde mein Held in dieser Situation tun?" Wenn jemand seine visionäre und revolutionäre Seite erwecken möchte, kann er die Energie von Nikola Tesla oder Leonardo da Vinci anrufen und sich fragen, wie sie ein kreatives Problem angehen würden. Wenn er Mut und Entschlossenheit braucht, kann er an Alexander den Großen oder jeden bewunderten Anführer denken und sich fragen, welche Entscheidung sie an einem schwierigen Scheideweg treffen würden.

Einen Archetyp im Laufe des Tages zu verkörpern stärkt seine Präsenz und integriert ihn effektiver. Wenn man den Krieger angerufen hat, verstärken festes Gehen, überzeugendes Sprechen und entschlossenes Entscheiden seine Energie in der Psyche. Wenn man mit „der Hohepriesterin" gearbeitet hat, hilft das Führen eines Traumtagebuchs und das Achten auf die Intuition, ihre Präsenz zu integrieren. Diese Verkörperungsübung hebt die Anrufung auf die Ebene direkter Erfahrung. Es genügt nicht, den Archetyp zu visualisieren – es ist notwendig, wie er zu handeln, sich mit seiner Energie in der Welt zu bewegen, seine Qualitäten zu fühlen, als wären sie bereits Teil der eigenen Identität.

Die Erfahrung festzuhalten hilft, die Verbindung mit dem Archetyp zu konsolidieren. Über die Empfindungen, die Veränderungen im mentalen Zustand und die Situationen zu schreiben, in denen sich seine Präsenz manifestiert hat, erlaubt es zu identifizieren, wie die Anrufung die Psyche und den Alltag beeinflusst. Ein Tagebuch zu führen, in dem diese Details festgehalten werden, ist ein wertvolles Werkzeug, um den Prozess zu vertiefen.

Die Anrufung zu schließen ist ebenso wichtig wie sie zu beginnen. Dem Archetyp für seine Präsenz zu danken, die Kerzen zu löschen, falls sie verwendet wurden, und die Karte an einem besonderen Ort zu lassen, bis ihre Energie vollständig assimiliert wurde, markiert das Ende des Rituals. Die Psyche benötigt Zeit, um symbolische Erfahrungen zu integrieren, und eine Assimilationsperiode zu erlauben, ohne den Prozess zu forcieren, erleichtert eine natürlichere Integration.

Diese Arbeit mit Archetypen ist kein simples Spiel der Vorstellungskraft, sondern ein Weg, tiefe Kräfte zu erwecken, die immer in einem selbst gewesen sind. Sie anzurufen bedeutet, ihre Energie zurückzufordern, ihnen zu erlauben, sich auszudrücken, und ihre Macht im Alltag zu manifestieren. Bei jedem Ruf antwortet die Psyche, reorganisiert sich und expandiert im Einklang mit den universellen Mustern, die das symbolische Gewebe der Wirklichkeit bilden.

7. Jungsches Tarot: Ein Orakel für das Unbewusste

Mehr als eine simple Sammlung von Bildern ist das Tarot eine lebendige Sprache, ein archetypischer Code, der die Bewegungen der Seele übersetzt. Es ist keine Abfolge stagnierter Symbole, sondern ein Strom in kontinuierlichem Fluss, eine Architektur von Bedeutungen, die mit der Psyche dialogiert. Seine Struktur resoniert mit Jungs Theorie der Archetypen, jenen Urformen, die in Mythen, Erzählungen und Visionen auftauchen und als Matrizen des kollektiven Unbewussten operieren. Jede Karte fungiert als Spiegel, der innere Prozesse reflektiert und Pfade öffnet, wo zuvor nur Rätsel war.

Die Figuren des Tarots beschränken sich nicht darauf, fixe Konzepte zu repräsentieren; sie sind Kräfte in Bewegung, Zahnräder einer symbolischen Maschinerie, die den Individuationsprozess antreibt. „Der Narr" ist nicht nur der wandernde Reisende, der seinen Weg beginnt, sondern der Bruch mit dem Vorhersehbaren, die Öffnung zum Unerwarteten. Seine Zahl Null macht ihn zur perpetuellen Schwelle, zu jenem, der noch nicht von der Welt definiert wurde. „Die Hohepriesterin" bewahrt den Schlüssel des Mysteriums, den Zugang zum Verborgenen, den Eingang zu den Domänen des Unbewussten. „Der Eremit" repräsentiert die gewählte Einsamkeit, den Rückzug, wo das innere Licht inmitten der Dämmerung sichtbar wird. „Der Turm" bricht wie ein Blitz herein, zerstört obsolete Gewissheiten, lässt veraltete Strukturen einstürzen, um Wiedergeburt zu ermöglichen.

Es gibt keine Tarot-Lesung ohne rituellen Akt. Jede Legung ist eine Anrufung, ein Ruf an die symbolischen Kräfte, sich im gegenwärtigen Moment zu offenbaren. Die Karten bieten keine geschlossenen Antworten noch bestimmen sie ein in Stein gemeißeltes Schicksal. Sie sprechen in Metaphern, in Echos des Numinosen, in Schlüsseln, die aus der eigenen Erfahrung heraus entschlüsselt werden müssen. Die Lesung wird zu einem Dialog zwischen Bewusstem und Unbewusstem, einem Austausch, wo sich das Verborgene durch Bilder manifestiert, die tiefe Resonanzen wecken. Nicht die Vorhersage ist wichtig, sondern die Offenbarung des verborgenen Musters, das hinter den Ereignissen operiert.

Das Tarot zu interpretieren bedeutet mehr als Symbole zu entschlüsseln: Es heißt, den Raum zwischen Frage und Antwort zu bewohnen, den Bildern zu erlauben, ihren Magnetismus zu entfalten und die Wahrheit zu beschwören, die der Fragende sehen muss. Jedes Arkanum ist ein Portal, eine Möglichkeit psychischer Transformation. „Der Stern" ist nicht nur ein Versprechen der Erneuerung, sondern ein Lichtstrom, der das Stagnierende auflöst und den Horizont öffnet. „Der Tod" verkörpert die Transmutation, das Loslassen des Alten, um dem Platz zu geben, was noch nicht geboren ist. Es handelt sich nicht um abstrakte Konzepte, sondern um Kräfte, die integriert und verkörpert werden können, Werkzeuge innerer Arbeit und spiritueller Erkundung.

Das Tarot ist nicht nur ein Instrument der Selbsterkenntnis, sondern auch ein magisches Werkzeug. Jede Karte ist ein Talisman, der aktiviert werden kann, ein Knotenpunkt im Netz von Symbolen, die mit Realitäten jenseits des Sichtbaren verbinden. Bestimmte Arkana auf einem Altar zu arrangieren ist keine simple Dekoration, sondern der Aufbau eines energetischen Feldes, wo die Bilder als Katalysatoren wirken. Mit einem Arkanum zu meditieren, es zu visualisieren, es bei sich zu tragen, bedeutet, seiner Essenz zu erlauben, die psychische Struktur zu durchdringen und die inneren Kräfte mit den Bewegungen der Seele auszurichten. In einem Manifestationsritual kann „der Herrscher" Stabilität und Ordnung verankern, während „das Gericht" die Türen zur Offenbarung und zum Erwachen des Latenten öffnet.

Für jene, die damit in die Tiefe arbeiten, ist das Tarot ein jungsches archetypisches Werkzeug, in dem jede Karte als Reflex der psychischen Struktur fungiert. Seine Bilder sind keine bloßen Zeichnungen auf Karton, sondern lebendige Repräsentationen von Kräften, die im Unbewussten operieren. Jung erklärte, dass Archetypen universelle Muster sind, die in Mythen, Träumen und kulturellen Symbolen auftauchen, und das Tarot bietet eine sorgfältig strukturierte Sammlung eben dieser Muster. Jede Figur in den Großen Arkana repräsentiert einen Aspekt der inneren Reise, einen Zustand der Psyche, mit dem sich der Fragende identifizieren kann. Diese Erkennung ist nicht intellektuell, sondern erfahrungsbasiert: Die Bilder resonieren, weil sie etwas Latentes im Unbewussten des Betrachters hervorrufen.

Aus dieser Perspektive besteht eine der direktesten und effektivsten Weisen, das Tarot zu lesen, darin, dem Fragenden selbst zu erlauben, sich spontan mit seinen Bildern zu identifizieren. Anstatt fixe Bedeutungen aufzuerlegen, besteht diese Technik darin, ihn einzuladen, drei Karten zu ziehen und ihn zu fragen, was er in ihnen sieht und was sie ihm suggerieren. Es ist nicht notwendig, dass der Fragende Vorkenntnisse hat; wichtig ist seine persönliche Interpretation. Beim Betrachten der Karten antwortet das Unbewusste und projiziert auf sie Symbole und Bedeutungen, die aus der Tiefe seiner Psyche aufsteigen.

Der Prozess ist einfach, aber kraftvoll. Beim Wählen von drei Karten etabliert der Fragende eine Brücke zu seiner inneren Welt. Die erste Karte kann seinen aktuellen Zustand oder die Situation repräsentieren, die ihn beunruhigt. Die zweite suggeriert die im Spiel befindlichen Kräfte, die Herausforderungen oder Ressourcen, die ihn begleiten. Die dritte weist auf eine mögliche Richtung, ein symbolisches Ende oder einen Schlüssel zur Integration der Erfahrung. Nicht der Tarot-Leser muss die Bedeutung erklären, sondern der Fragende selbst erkennt in sich die Geschichte, die ihm die Karten erzählen. Indem er interpretiert, was er sieht, gibt er seinen eigenen inneren Prozessen Worte, formt sie und entdeckt in vielen Fällen Antworten, von denen er nicht wusste, dass er sie besaß.

Diese zutiefst jungsche Technik erlaubt es dem Fragenden, sich mit den in der Baraja repräsentierten Archetypen zu identifizieren und Unbewusstes bewusst zu machen. Das Tarot sagt nicht die Zukunft voraus, sondern fungiert als Spiegel, in dem sich die Psyche erkennt und symbolisch organisiert. Indem er seine eigene Erfahrung in den Arkana reflektiert sieht, erreicht der Fragende eine tiefere Ebene des Verständnisses über sich selbst. Auf diese Weise wird die Tarot-Lesung zu einer Übung der Selbsterkenntnis, einem Dialog zwischen Bewusstsein und Unbewusstem, wo die Sprache der Symbole die Integration verborgener oder verdrängter Aspekte der Psyche erleichtert.

Diese Methode ist nicht nur zugänglich, sondern respektiert auch die Fähigkeit des Fragenden, seine eigenen Antworten zu finden. Es ist nicht nötig, Bedeutungen auswendig zu lernen oder von Handbüchern abhängig zu sein; es genügt, sich der symbolischen Resonanz der Karten zu öffnen und dem Unbewussten zu erlauben, durch sie zu sprechen. Es ist eine Form, das Tarot nicht als Wahrsageinstrument zu nutzen, sondern als Weg psychischer Erkundung und persönlicher Transformation.

8. Magisches Mandala: Rituale der Integration und Ganzheit

Es ist kein Zufall, dass Mandalas spontan in Momenten der Krise oder Transformation auftauchen. Mehr als bloße geometrische Zeichnungen sind sie lebendige Ausdrücke der Psyche im Reorganisationsprozess. Jung beobachtete, dass seine Patienten sie instinktiv zeichneten, wenn sie fragmentierte Aspekte ihres Wesens integrieren mussten, als würde der Kreis als symbolischer Behälter fungieren, der fähig ist, inneres Chaos zu ordnen. In seinem Zentrum befindet sich das Bild des Selbst, der organisierende Kern der Psyche, und in seiner Ausdehnung entfaltet sich die Kartografie eines Transformationsprozesses.

Ein Mandala zu erschaffen ist ein ritueller Akt, eine Praxis, die es erlaubt, einen Dialog mit dem Unbewussten zu etablieren. Es ist nicht notwendig, zeichnen zu können oder die Komposition im Voraus zu planen, denn der Schlüssel liegt darin, Formen und Farben spontan entstehen zu lassen. Wichtig ist, den Kreis abzugrenzen, jenen heiligen Raum zu ziehen, wo sich die innere Ordnung manifestieren kann. Vom Zentrum aus expandiert die Zeichnung wie ein Fraktal der eigenen psychischen Struktur und reflektiert verborgene Muster, Konflikte oder Gleichgewichte, die sich ausdrücken wollen.

Um das Mandala als Erkundungswerkzeug zu nutzen, genügt es, sich an einem ruhigen Ort niederzulassen, ein leeres Blatt zu nehmen und einen Kreis zu zeichnen. Innerhalb dieses Raums lässt man die Formen fließen, ohne sich um Technik oder Ästhetik zu sorgen. Es ist hilfreich, Farben zu verwenden, die intuitiv aufsteigen, ohne nach sofortigen Interpretationen zu suchen. Wenn das Mandala fertig ist, besteht der nächste Schritt darin, es aufmerksam zu betrachten und sich zu fragen, was es vermittelt, welche Emotionen es weckt, welche Geschichte es zu erzählen scheint. Diese Technik erlaubt es dem Unbewussten, Informationen zu offenbaren, ohne vorgegebene Bedeutungen entschlüsseln zu müssen.

Eine einfache Form, ein Mandala zu interpretieren, besteht darin, die Beobachtung in drei Momente zu unterteilen: das Zentrum, die Ausdehnung und die Peripherie. Das Zentrum repräsentiert den Kern des Wesens, jenes, was die psychische Struktur im gegenwärtigen Moment trägt. Die Ausdehnung zeigt die Kräfte in Bewegung, die Konflikte oder Energien in Transformation. Die Peripherie weist auf die Grenzen hin, jenes, was schützt, aber auch das, was den Prozess enthalten oder einschränken könnte. Indem man sich fragt, was man beim Betrachten jedes Teils fühlt, wird das Mandala zu einem symbolischen Spiegel, der den psychischen Zustand des Schöpfers reflektiert.

Für jene, die das Mandala in einem magischen Kontext einsetzen möchten, potenziert sich der Prozess, wenn er von einer klaren Absicht begleitet wird. Es kann genutzt werden, um die Integration innerer Aspekte zu visualisieren, um Klarheit in Momenten der Ungewissheit anzuziehen oder sogar als persönlicher Talisman. Wenn man mit einem spezifischen Zweck arbeiten möchte, kann man vor Beginn des Zeichnens ein Wort oder eine Absicht ins Zentrum schreiben und dem Bild erlauben, sich um diesen energetischen Fokus herum aufzubauen. Sobald es fertig ist, kann das Mandala auf einem Altar platziert, in der Meditation verwendet oder als Opfergabe verbrannt werden, um die Transformation des auf Papier Dargestellten in die psychische und materielle Wirklichkeit zu symbolisieren.

Das Mandala ist nicht nur ein Bild; es ist ein Werkzeug, das es erlaubt, sichtbar zu machen, was das Unbewusste in Symbolen ausdrückt. Wie das Tarot handelt es sich nicht um eine divinatorische Praxis, sondern um einen Weg zur Selbsterkenntnis und Integration. Indem man dem Unbewussten erlaubt, durch Farben, Formen und Muster zu sprechen, erreicht man eine tiefe Sprache, die den Individuationsprozess leitet. Diese Technik ist für jede Person zugänglich, ohne Bedarf an Vorstudien oder esoterischem Wissen. Man benötigt nur die Bereitschaft, dem zu lauschen, was die eigene Psyche zu offenbaren hat.

Regelmäßig mit Mandalas zu arbeiten etabliert einen Rhythmus der Introspektion, eine Praxis, die es erlaubt, sich mit den inneren Zyklen von Desintegration und Reintegration zu synchronisieren. Die Psyche oszilliert wie die Natur zwischen Chaos und Ordnung, zwischen Schatten und Licht. Ein Mandala zu erschaffen ist ein alchemistischer Akt, wo sich das

Unbewusste manifestiert, ordnet und transformiert. In jedem gezeichneten Kreis, in jeder Linie, die einen Weg zeichnet, wird der Schöpfer zu seinem eigenen psychischen Architekten, gibt dem Unsichtbaren Form und nähert sich Schritt für Schritt der Ganzheit seines Wesens.

9. Magie der Worte: Mantras und Affirmationen aus analytischer Perspektive

Carl Jung erkannte die tiefe psychische Macht der Worte in der menschlichen Psyche. Für Jung waren Worte keine bloßen linguistischen Konstruktionen, sondern Portale zum kollektiven Unbewussten, fähig, Emotionen, Erinnerungen und primordiale Archetypen hervorzurufen. Dieses Verständnis der Macht der Worte harmoniert perfekt mit den esoterischen und magischen Traditionen, die seit Jahrtausenden Mantras und Affirmationen nutzen, um sowohl die innere als auch die äußere Realität zu beeinflussen.

Aus jungscher Perspektive fungieren Worte als Symbole, die tiefe psychische Energien aktivieren und mobilisieren können. Wenn wir Mantras oder Affirmationen mit bewusster Absicht verwenden, erschaffen wir im Wesentlichen eine Brücke zwischen Bewusstem und Unbewusstem und erlauben archetypischen Kräften, unsere alltägliche Erfahrung zu beeinflussen. Dieser Prozess hat nicht nur das Potenzial, unsere Wahrnehmung der Realität zu transformieren, sondern auch greifbare Veränderungen in unserem Leben zu manifestieren.

Im Kontext von Magie und Esoterik werden Mantras und Affirmationen zu Werkzeugen der Macht, die für verschiedene Zwecke genutzt werden können – etwa Heilung, Schutz, Manifestation und persönliche Transformation. Jedes mit bewusster Absicht ausgesprochene Wort ist ein Samen, der im weiten Feld des Unbewussten gepflanzt wird und fähig ist, in der physischen Welt zu keimen und Früchte zu tragen.

Mantras insbesondere haben eine lange Geschichte in den spirituellen und magischen Traditionen des Ostens. Diese heiligen Phrasen oder Silben werden wiederholt rezitiert mit dem Zweck, den Geist zu fokussieren, spezifische Energien zu invozieren und veränderte Bewusstseinszustände zu erreichen. Aus jungscher Perspektive können Mantras als symbolische Schlüssel betrachtet werden, die die Türen des Unbewussten öffnen und dem Praktizierenden erlauben, auf archetypische Reiche und primordiale Energien zuzugreifen.

Die Wahl eines persönlichen Mantras ist ein zutiefst intimer und bedeutsamer Prozess. Er erfordert eine intuitive Verbindung mit den Archetypen und Kräften, die mit dem Zweck und der Absicht des Individuums resonieren. Ein Mantra, das den Krieger-Archetyp hervorruft, könnte beispielsweise genutzt werden, um Mut, Entschlossenheit und innere Stärke zu kultivieren. Ein mit dem Archetyp der Großen Mutter assoziiertes Mantra könnte eingesetzt werden, um Energien der Nahrung, des Mitgefühls und der Heilung zu invozieren.

Die Erschaffung eines persönlichen Mantras kann auch auf der symbolischen Sprache von Träumen, Visionen und numinosen Erfahrungen basieren. Diese Ausdrücke des Unbewussten enthalten oft Bilder und Phrasen, die mit psychischer Kraft geladen sind und zu Mantras großer Potenz destilliert werden können. Zum Beispiel könnte eine Phrase, die wiederholt in Träumen auftaucht, als Mantra für psychische Integration und persönliche Transformation adaptiert werden.

Neben Mantras spielen auch positive Affirmationen eine entscheidende Rolle in der

Magie der Worte aus jungscher Perspektive. Diese kurzen und kraftvollen Deklarationen sind darauf ausgelegt, limitierende Denkmuster zu reprogrammieren und gewünschte Qualitäten zu kultivieren. Indem wir Affirmationen mit Überzeugung und Regelmäßigkeit wiederholen, kommunizieren wir im Wesentlichen mit dem Unbewussten und durchtränken unsere Psyche mit neuen Überzeugungen und Möglichkeiten.

Die Formulierung effektiver Affirmationen erfordert ein Verständnis der jungschen Prinzipien von Schatten und Projektion. Es ist essenziell, die verleugneten oder abgelehnten Aspekte unserer selbst zu erkennen und zu integrieren, anstatt sie nach außen zu projizieren. Eine Affirmation wie „Ich bin würdig, Liebe und Fülle zu empfangen" kann für jemanden kraftvoll sein, der mit Gefühlen der Unzulänglichkeit ringt, doch muss er zunächst bereit sein, die zugrundeliegenden emotionalen Wunden zu konfrontieren und zu heilen.

Der Prozess, mit Mantras und Affirmationen zu arbeiten, ist eine Form verbaler Alchemie, wo Worte zu Katalysatoren psychischer Transformation werden. So wie die mittelalterlichen Alchemisten versuchten, Blei in Gold zu transmutieren, nutzt der jungsche Magier die Macht der Worte, um limitierende psychische Zustände in Ausdrücke der Fülle und des Potenzials zu transmutieren.

Um die Wirksamkeit dieser Praxis zu maximieren, ist es wichtig, die Worte mit Absicht und Emotion aufzuladen. Dies kann durch Rezitationsrituale erreicht werden, wo das Mantra oder die Affirmation in einem Zustand tiefer Konzentration und Inbrunst rezitiert wird. Auch die Visualisierung kann ein kraftvolles Werkzeug sein und dem Praktizierenden erlauben, die Worte mit symbolischen Bildern und archetypischen Energien zu durchtränken.

Ein weiterer entscheidender Aspekt der Magie der Worte ist die konstante Wiederholung. Wie Wassertropfen, die langsam den Fels erodieren, hat die anhaltende Wiederholung von Mantras und Affirmationen die Kraft, die Konturen der Psyche neu zu formen, neue neuronale Bahnen und Denkmuster zu erschaffen. Diese Disziplin erfordert Geduld, Ausdauer und Vertrauen in den Prozess – das Vertrauen darauf, dass jede Wiederholung eine Opfergabe an das Unbewusste ist, eine Invokation an die archetypischen Kräfte, sich in unserer Realität zu manifestieren.

10. Träume und Rituale: Brücken zwischen dem Unbewussten und der Wirklichkeit

Träume sind Portale zur Weite des Unbewussten, goldene Fäden, die die Verbindung zwischen dem Sichtbaren und dem Verborgenen, dem Bewussten und dem Archetypischen weben. Für den jungschen Magier sind sie keine bloßen Fragmente der Psyche, sondern in der Sprache der Symbole kodierte Visionen, Botschaften des Schattens und des Selbst, die verschleierte Wahrheiten flüstern. Sie zu verstehen bedeutet, das Alphabet der tiefen Psyche lesen zu lernen, und dies erfordert sowohl Disziplin als auch Offenheit, sowohl Kunst als auch Alchemie.

Der erste Schritt ist das Erinnern. Jede Nacht, vor dem Schlafengehen, wird der Traumraum geweiht: eine förderliche Umgebung, wo sich das Unbewusste eingeladen fühlt, sich ohne Hemmungen zu manifestieren. Das sanfte Licht einer Kerze, ein Stein auf dem Nachttisch, ein Notizbuch bereit, die Echos der nächtlichen Reise einzufangen. Beim Erwachen, bevor die Flut des Tages die Spuren des Traums auslöscht, werden die wahrgenommenen Bilder in Worte gefasst, ohne Urteile oder Filter, denn selbst die inkohärentesten Fragmente können Teile eines großen Mosaiks sein. Mit der Zeit erschafft diese Praxis einen Kommunikationskanal, eine Brücke zwischen dem Wachzustand und der symbolischen Welt.

Doch Erinnern allein genügt nicht. Die Magie der Träume liegt in ihrer Interpretation, und diese findet sich nicht in Handbüchern vorgefertigter Bedeutungen, sondern in der Alchemie des eigenen Geistes. Jung warnte vor oberflächlichen Interpretationen: Jedes Symbol ist ein Echo persönlicher Erfahrungen und zugleich ein Reflex universeller Mythen. Von Wasser zu träumen kann die Fluidität der Emotionen suggerieren, doch seine Nuance hängt vom Träumenden ab: Ist es ein tobender Ozean oder ein ruhiger See? Ist es Wasser, das reinigt, oder das mit Ertrinken droht? Nur wenn man es in Beziehung zum Leben des Träumenden betrachtet, offenbart das Symbol seine authentische Essenz.

Die Trauminkubation ist eines der kraftvollsten Werkzeuge für den Magier des

Unbewussten. Es genügt nicht, darauf zu warten, dass Botschaften zufällig eintreffen; es ist auch möglich, die Weisheit der Träume mit bewusster Absicht zu invozieren. Vor dem Schlafengehen formuliert man eine Frage mit Klarheit, ein Rätsel, das man lösen möchte. Man kann sie auf ein Papier schreiben und unter das Kissen legen oder sie als Invokation rezitieren, die an die tiefe Seele gerichtet ist. Man entzündet eine Kerze, atmet mit Gelassenheit, visualisiert ein Traumportal: eine leuchtende Tür, ein schützendes Symbol, ein Führer, der auf der anderen Seite wartet. Dann wird der Traum zum Orakel, einem Raum der Offenbarung, der mit der unbändigen Logik der symbolischen Sprache antworten wird.

Beim Erwachen müssen die Zeichen mit dem Geist des Eingeweihten interpretiert werden. Jede Figur im Traum ist eine Maske des eigenen Unbewussten: Der weise Alte kann der Archetyp des Inneren Meisters sein; das Tier, das in der Dämmerung lauert, eine Verkörperung des Schattens, der um Anerkennung bittet. Nichts geschieht zufällig in den Traumdomänen: Das Labyrinth ist der Reflex innerer Verwirrung, das verfallene Haus ist die Psyche im Transformationsprozess, der gefundene Schlüssel ist das Symbol eines neu erworbenen Wissens. Die Arbeit des Magiers ist es zu beobachten, zu assoziieren, die Vision zu erweitern, bis er die Botschaft versteht, die der Traum unter seinem Schleier der Metaphern verbirgt.

Doch die Magie endet nicht mit der Interpretation. Wenn sich ein Traumsymbol mit Beharrlichkeit wiederholt, wenn ein Bild kraftvoll in der Seele resoniert, muss es in der Welt des Wachzustands materialisiert werden. Hier wird das Ritual zur Brücke zwischen den Ebenen, zu einem Akt bewusster Transformation. Wenn im Traum eine Tür erscheint, die sich nie öffnet, kann in der Realität ein Ritual erschaffen werden, um sie zu durchschreiten: Sie auf ein Papier zu zeichnen, aufzuschreiben, was sie repräsentiert, und mit einem symbolischen Akt ihre Schwelle zu überschreiten. Wenn eine mächtige Figur einen Gegenstand überreicht, kann ihre Nachbildung konstruiert und als Talisman verwendet werden. Das Symbol darf nicht in der Sphäre des Ätherischen gefangen bleiben; seine

Manifestation in der Realität ist es, die der Psyche erlaubt, seine Lehre zu integrieren.

Träume sind mehr als Fragmente des persönlichen Geistes: Sie sind Türen zu anderen Realitäten, Echos der kosmischen Mysterien. In ihnen resonieren die Stimmen der Ahnen, die Offenbarungen dessen, was noch nicht geboren ist, das Flüstern archetypischer Kräfte, die die Evolution der Seele leiten. Mit ihnen zu arbeiten bedeutet, zu lernen, gleichzeitig in zwei Welten zu wandeln, im Wachzustand mit der Erinnerung zu erwachen, jenseits der Grenzen alltäglicher Wahrnehmung gereist zu sein. Der jungsche Magier träumt nicht nur: Er lauscht, handelt und transformiert, erlaubt dem Traumhaften, sich ins Reale zu ergießen wie Wasser, das, nachdem es in die Tiefen gesickert ist, als Quelle entspringt.

III. Innere Arbeit

Dieser Teil des Buches konzentriert sich darauf, wie man Magie nutzt, um mit den eigenen Emotionen, Ängsten und persönlichen Herausforderungen zu arbeiten. Du wirst spezifische Techniken lernen, um dich deinen „Schatten" zu stellen (jenen Teilen deiner selbst, die du lieber nicht sehen möchtest), deine Identität zu stärken und Aspekte deines Lebens zu transformieren, die du verändern willst. Die Kapitel kombinieren klare Erklärungen mit praktischen Übungen, die du in deinem Alltag anwenden kannst.

11. Der Schatten und seine Rituale: Konfrontation und Transmutation des Verdrängten

Der Schatten repräsentiert die Gesamtheit dessen, was wir aus unserem Bewusstsein verbannt haben, jenes weite Territorium der Psyche, wo unsere tiefsten Ängste und limitierendsten Überzeugungen wohnen. Er ist nicht, wie man denken könnte, ein zu besiegender Feind oder ein zu eliminierender Makel, sondern ein fundamentaler Aspekt unseres Wesens, der nach Integration ruft. In der jungschen Tradition bildet der Schatten all das, was wir verdrängt, verleugnet oder an die Ränder unseres Bewusstseins verbannt haben. Aus magischer Perspektive können wir ihn jedoch auch als Reservoir stagnierender Energie verstehen, als Sammlung energetischer Muster, die, einmal transmutiert, eine außerordentliche transformative Kraft freisetzen.

Die magische Arbeit mit dem Schatten geht von einer fundamentalen Prämisse aus: Jede limitierende Überzeugung, jedes Muster der Selbstsabotage, jede lähmende Angst ist in Wirklichkeit eine Form von Energie, die in negativen Konfigurationen gefangen ist. Diese Muster fungieren als Knoten im natürlichen Fluss der Lebenskraft und erschaffen Blockaden, die sich in verschiedenen Bereichen unseres Lebens manifestieren. Sie können sich als toxische Beziehungen zeigen, die sich unerbittlich wiederholen, als Ziele, die sich nie materialisieren, oder als persistentes Gefühl des Mangels, das gegen jede äußere Veränderung immun zu sein scheint. Was das gewöhnliche Bewusstsein als „Pech" oder „widrige Schicksal" wahrnimmt, ist aus dieser Perspektive die sichtbare Manifestation dieser energetischen Knoten, die im Schatten residieren.

Die Magie des Schattens sucht nicht, diese Energien zu exorzieren, sondern sie zu transmutieren. Dieser Transmutationsprozess ist im Wesentlichen alchemistisch: Die Rohmaterialien sind unsere stagnierten Energien, unsere Ängste, unsere Begrenzungen. Der Athanor ist unsere eigene Psyche, und das transformierende Feuer ist unser anhaltendes Bewusstsein. Jede Begegnung mit verleugneten Aspekten unserer selbst ist eine alchemistische Operation, die das Dichte ins Subtile, das

Limitierende ins Befreiende transmutiert. Limitierende Überzeugungen über Fülle beispielsweise sind keine simplen negativen Gedanken: Sie sind energetische Kristallisationen, die den natürlichen Fluss des Wohlstands blockieren. Indem wir aus magischer Perspektive mit ihnen arbeiten, „denken" wir nicht nur anders, sondern transmutieren buchstäblich ihre Energie und setzen die Kraft frei, die in negativen Mustern gefangen war.

In der magischen Arbeit mit dem Schatten erhebt sich der Spiegel als zentrales Symbol und fundamentales metaphorisches Werkzeug. Er repräsentiert die reflektierende Oberfläche, wo sich das Unbewusste manifestieren kann, wo die verleugneten Aspekte unseres Wesens ins Bewusstsein aufsteigen können. Dieser Spiegel reflektiert nicht nur das, was wir zu sehen fürchten, sondern fungiert als Portal zwischen der bewussten Welt und dem Territorium des Schattens. Durch ihn können wir einen Dialog mit jenen Teilen unserer selbst etablieren, die in die Dunkelheit verbannt wurden – nicht um sie zu verurteilen oder zu eliminieren, sondern um sie in eine vollständigere und authentischere Ganzheit zu integrieren.

Die esoterische Tradition spricht vom Hüter der Schwelle, einer archetypischen Figur, die die Summe all unserer Widerstände, Ängste und nicht integrierten Schattenaspekte repräsentiert. Dieser Hüter ist kein zu besiegender externer Dämon, sondern eine Manifestation unseres eigenen Widerstands gegen Veränderung, unserer tiefsten Ängste vor Transformation. Dem Hüter zu begegnen bedeutet, der Gesamtheit unseres Schattens zu begegnen – nicht um ihn zu bekämpfen, sondern um ihn als integralen Teil unseres Wesens anzuerkennen. In dieser Anerkennung liegt die wahre transformative Kraft.

Ein entscheidender Aspekt der Arbeit mit dem Schatten ist die Befreiung toxischer energetischer Verbindungen. Diese Verbindungen können sich als Bindungen an Menschen, Situationen oder Denkmuster manifestieren, die unsere Lebenskraft entwässern. Die Magie des Schattens lehrt uns, dass diese Verbindungen nicht einfach durchschnitten oder verleugnet werden können;

sie müssen anerkannt, für die Lektionen geehrt werden, die sie gebracht haben, und dann bewusst transmutiert werden. Dieser Prozess leugnet weder die Erfahrung noch das Lernen, das diese Bindungen gebracht haben, sondern befreit die Energie, die in ihnen gefangen war, damit sie in neue Ausdrucksformen fließen kann.

Die wahre Magie der Arbeit mit dem Schatten liegt nicht darin, das Negative zu eliminieren, sondern es in persönliche Macht zu transformieren. Jede transmutierte limitierende Überzeugung, jedes befreite negative Muster, jeder integrierte Schattenaspekt bringt uns unserer Ganzheit näher. Die alten Alchemisten sprachen davon, Blei in Gold zu verwandeln; in der Arbeit mit dem Schatten transformieren wir unsere Begrenzungen in Stärken, unsere Ängste in Macht, unsere Wunden in Weisheit.

12. Die Individuation als großes alchemistisches Werk: Rituale der persönlichen Transformation

Die Alchemie war in ihrer ursprünglichen Form die geheime Kunst der Transmutation. Auf den ersten Blick schien sie eine Laborpraxis zu sein, ein Versuch, gewöhnliche Metalle durch den Einsatz von Symbolen, Formeln und mysteriösen Operationen in Gold zu verwandeln. Doch ihre wahren Alchemisten wussten, dass das zu transmutierende Rohmaterial nicht nur das physische Blei war, sondern der Mensch selbst. Ihre Texte, angefüllt mit hermetischer Sprache, waren als chemische Anleitungen getarnte Karten der Seele. Der alchemistische Prozess mit seinen verschiedenen Phasen – Nigredo, Albedo, Citrinitas und Rubedo – sprach nicht nur von Reaktionen in einem Tiegel, sondern von der Transformationsreise des Geistes.

Jung entdeckte in diesen alten Texten eine tiefe Resonanz mit seiner eigenen Erkundung des Unbewussten. Er sah in der Alchemie ein Spiegelbild des Individuationsprozesses: jenen Weg, der den Menschen dazu führt, seine

Psyche zu integrieren und zu eincm vollständigen und authentischen Individuum zu werden. So wie der Alchemist die Materie Feuerproben, Kalzinierungen und Auflösungen unterzog, um sie zu reinigen, musste sich der nach seiner Ganzheit suchende Mensch in die Tiefen des Unbewussten tauchen, sich seinen Schatten stellen und aus seiner reinsten Essenz wiedergeboren werden.

Die erste Phase, Nigredo, ist die Schwärzung, der Beginn der Auflösung. In der Alchemie repräsentiert sie die Fäulnis der Materie, die Zersetzung des Alten, damit etwas Neues entstehen kann. In psychologischen Begriffen ist es die Konfrontation mit dem Schatten, mit all jenem, was das Ego verdrängt hat und was nun verlangt, gesehen zu werden. Hier werden die Fundamente der Identität erschüttert. Krisen tauchen auf, Überzeugungen bröckeln, Ängste und Widersprüche offenbaren sich. Doch diese Phase ist, obwohl schmerzhaft, essenziell. Ohne Zerstörung gibt es keine Wiedergeburt. Ohne Nacht gibt es keine Morgendämmerung.

Dann kommt die Albedo, die Weißung. Die Materie reinigt sich, das Chaos beginnt, der Klarheit Platz zu machen. Jung verglich sie mit der Anerkennung und Integration von Anima und Animus, jenen inneren Teilen, die unsere Psyche ergänzen und die, wenn sie nicht anerkannt werden, aus dem Schatten heraus operieren. Hier beginnt das Licht des Bewusstseins zu erleuchten, was zuvor verborgen war. Es ist eine Zeit der Introspektion, der inneren Versöhnung, wo sich die verstreuten Fragmente der Persönlichkeit in eine größere Ordnung zu weben beginnen.

In der alchemistischen Tradition repräsentierte die Citrinitas – die gelbe Phase – die Ankunft der Weisheit und das Erwachen der inneren Sonne. Jung verknüpfte sie mit der Stärkung des Ichs in seiner Beziehung zum Selbst. Es geht nicht um die alte Identität, die versucht, sich neu zu behaupten, sondern um eine neue Identität, bewusster und flexibler, die die Intensität der Transformation aushalten kann, ohne in totaler Auflösung zu verfallen.

Schließlich markiert die Rubedo, die Rötung, die Kulmination des Prozesses. Das alchemistische Gold ist nicht länger nur ein Symbol, sondern eine innere Realität: die totale Integration der Psyche. Hier ereignet sich die Vereinigung der Gegensätze, die alchemistische Hochzeit zwischen Bewusstem und Unbewusstem, Männlichem und Weiblichem, Materie und Geist. In psychologischen Begriffen ist es die Verwirklichung des Selbst. Die Person hört auf, eine Sammlung konfliktierender Teile zu sein, und wird zu einer Ganzheit, in der jeder Aspekt seinen Platz hat.

Dieser Prozess ist keine intellektuelle Übung, noch erreicht man ihn durch Theorie. Er ist eine lebendige Praxis, eine innere Alchemie, die sich in jeder Krise, in jedem offenbarenden Traum, in jeder Konfrontation mit dem Unbekannten in einem selbst entwickelt. Die Psyche muss, wie die alchemistische Materie, durch ihre Prüfungen gehen, um zu ihrem höchsten Ausdruck zu gelangen. Und wie der Alchemist in seinem Labor benötigt, wer die Individuationsreise antritt, Geduld, Hingabe und einen unerschütterlichen Willen zur Transformation.

Für den Magier, der sich seiner eigenen Transmutation verpflichtet, wird das Leben selbst zum Athanor, jenem alchemistischen Ofen, wo das Werk vollzogen wird. Es geht nicht darum, Veränderung zu erzwingen, sondern jeder Phase zu erlauben, ihre Arbeit zu tun, ohne vor dem Feuer zu fliehen noch die Ankunft des Goldes zu beschleunigen. Die Individuation ist das große Werk: eine Kunst, eine Disziplin und eine Magie, die, wenn sie mit vollem Bewusstsein gelebt wird, das Gewöhnliche in Heiliges und das Fragmentierte in Einheit verwandelt.

Die innere Alchemie handelt nicht nur davon, ihre Symbole zu verstehen, sondern sie zu leben. Die alchemistischen Phasen sind keine fernen Ereignisse oder Erleuchtungsmomente, die wenigen vorbehalten sind, sondern alltägliche Erfahrungen, die wir alle durchlaufen. Ihre Dynamik zu verstehen erlaubt es, das Leben mit größerem Bewusstsein zu navigieren und in jeder Krise, in jeder Veränderung und in jeder Offenbarung einen Reflex dieses Transmutationsprozesses zu erkennen.

Die Nigredo ist unvermeidlich. Sie ereignet sich, wenn das Leben zusammenbricht, wenn Gewissheiten versagen und der Sinn sich auflöst. Sie kann die Form eines Verlusts, einer Krankheit, einer emotionalen oder existenziellen Krise annehmen. Sich dieser Phase zu widersetzen verlängert nur ihre Wirkung. Sie zu integrieren bedeutet, die Zersetzung als Teil der Transformation zu akzeptieren, zu verstehen, dass das Chaos nicht das Ende ist, sondern die Vorbereitung für das Neue. In diesem Zustand präsentiert sich alles Verdrängte: Ängste, Schmerzen, alte Wunden. Man muss nicht vor ihnen fliehen, sondern sie mit der Gewissheit beobachten, dass ihr Erscheinen der erste Schritt der Alchemie ist.

Die Albedo beginnt, wenn sich der Staub der Zerstörung legt und das Licht zurückkehrt. Man erkennt, dass das, was wie eine Verdammung schien, in Wirklichkeit eine Gelegenheit war, über die Begrenzungen des Egos hinauszusehen. Die Albedo zu integrieren bedeutet, der Klarheit zu erlauben, sich auszudehnen, Raum für Reflexion zu geben, ohne die Dringlichkeit definitiver Antworten. In diesem Moment beginnt die Psyche, sich auszubalancieren. Man entdeckt eine neue Ordnung inmitten des Chaos, nimmt Verbindungen wahr, wo zuvor nur Fragmentierung war. Es ist kein definitiver Zustand, sondern eine Phase, die es erlaubt, das Terrain für die wahre Transformation vorzubereiten.

Die Citrinitas, obwohl in modernen Interpretationen oft ausgelassen, hat eine entscheidende Rolle: Sie ist das Erwachen der inneren Weisheit. Es geht darum zu erkennen, dass Individuation nicht nur ein Heilungsprozess ist, sondern eine psychische Reifung. Hier hört das Bewusstsein auf, außen zu suchen, und beginnt, seiner eigenen Führung zu vertrauen. Die Integration dieser Phase impliziert, aus dieser Gewissheit heraus zu handeln, ohne Bedarf an externer Validierung. Es geht nicht um Arroganz, sondern um ein tiefes Wissen dessen, was man ist, was man braucht und wie man sich zur Welt in Beziehung setzt.

Die Rubedo ist die Kulmination, aber kein statischer Zustand. Man erreicht sie nicht und bewahrt sie für immer; sie ist ein konstanter

Fluss von Integration und Ausdruck. Die Rubedo zu leben bedeutet, das Gelernte zu verkörpern, die innerhalb entdeckte Ganzheit in der Existenz zu manifestieren. Es ist, wenn die Transformation aufhört, ein interner Prozess zu sein, und zu einer Form wird, in der Welt zu sein. Hier hören die Gegensätze auf zu kämpfen und arbeiten zusammen. Man lebt mit Authentizität, ohne Angst vor dem Schatten noch übermäßige Anhaftung ans Licht. Man hört auf, mit Automatismen zu reagieren, und beginnt, mit vollem Bewusstsein zu handeln.

Im Alltag wechseln sich diese Phasen auf natürliche Weise ab. Es gibt nicht nur einen Abstieg in die Nigredo noch eine einzige Ankunft bei der Rubedo. Es sind Zyklen, die sich wiederholen, mit jeder Krise, mit jeder Veränderung, mit jeder Bewusstseinserweiterung. Sie zu integrieren bedeutet nicht, einen linearen Fortschritt zu erzwingen, sondern zu lernen, in welcher Phase man sich befindet, und entsprechend zu handeln. Wenn es Dunkelheit gibt, akzeptiert man sie ohne Furcht. Wenn es Klarheit gibt, nutzt man sie ohne Anhaftung. Wenn es Weisheit gibt, verkörpert man sie mit Demut. Und wenn es

Ganzheit gibt, lebt man sie mit Fülle. Das ist die wahre Kunst der Transmutation: aus jedem Augenblick ein Labor zu machen, wo die Seele, wie das Gold, kontinuierlich verfeinert wird.

13. Die Heldenreise: Rituale zur Überwindung persönlicher Hindernisse

Der Pfad des Helden ist nicht nur ein narratives Schema, sondern der Reflex eines psychischen Prozesses, der die Bewusstseinserweiterung markiert. Auf dieser archetypischen Reise wird die Psyche aufgerufen, die Grenzen des Bekannten zu überschreiten und die bequemen Gewissheiten der etablierten Identität hinter sich zu lassen, um sich ins Unbekannte zu wagen. Es ist keine freiwillige Reise; es ist der Ruf der Seele, der mit subtilen Zeichen oder überwältigenden Krisen hereinbricht und den Helden zu einer Schwelle zieht, von der es keine Rückkehr gibt. Ein offenbarender Traum, das Erscheinen eines Führers, eine verstörende Synchronizität, selbst die unerklärliche Angst, die den Alltag verschlingt – all dies können die Stimmen dieses Rufs sein. Sich zu weigern, ihm zuzuhören, bedeutet, die Initiation aufzuschieben, aber niemals sie zu vermeiden.

Diese Schwelle zu überschreiten impliziert, in ein Territorium einzutauchen, wo vertraute Strukturen ihre Konsistenz verlieren, wo Gewissheiten wie Sand zwischen den Fingern zerrinnen. Die Reise des Helden entfaltet sich nicht in äußeren Geografien, sondern in den Abgründen des eigenen Geistes. Jede Herausforderung ist ein Reflex der unsichtbaren Knoten, die den Willen gefangen halten, jedes Hindernis eine greifbare Manifestation der inneren Gespenster, die in der Dämmerung des Unbewussten lauern. Es gibt keine äußeren Feinde, nur Projektionen der Schatten, die verleugnet oder verbannt wurden. Der Kampf ist nicht mit der Welt, sondern mit dem Selbstbild, das konstruiert wurde, um in sie zu passen.

Die Begegnung mit dem Schatten ist die höchste Prüfung. Es ist keine Schlacht gegen einen Gegner, sondern ein Ritus der Verschmelzung mit allem, was verleugnet wurde. In dieser Konfrontation entdeckt der Held, dass das Monster, das er für äußerlich hielt, sein eigenes verzerrtes Spiegelbild ist, dass das Labyrinth, das ihn verirrt, die Architektur seines eigenen Geistes ist. Die verborgenen Gesichter in den Spiegeln der Seele verlangen, anerkannt und geehrt zu werden, denn nur durch die Integration des Schattens enthüllt sich die vollständige Karte des Wesens. Ihn abzulehnen bedeutet, sich dazu zu verdammen, dieselben Schlachten in neuen Formen zu wiederholen, gefangen in einem endlosen Zyklus von Flucht und Verfolgung. Ihn zu umarmen hingegen erlaubt es, die latente Kraft des Verdrängten zurückzufordern und das Gift der Angst in das Elixier der Weisheit zu transmutieren.

Doch die Reise gipfelt nicht in der Eroberung des Verborgenen. Der symbolische Tod des alten Ichs ist nur die Schwelle einer Wiedergeburt, die sich noch konsolidieren muss. Der Held kehrt nicht nur mit der offenen Wunde seiner Offenbarung zurück, sondern mit der Alchemie seiner eigenen Transformation. Er hat aus den tiefen Wassern getrunken, hat mit den Alten dialogiert, die in den Winkeln der Seele residieren, hat die Hände der Göttin berührt, die sich in den Wurzeln des Wesens verbirgt. Er ist Träger eines Wissens, das nicht nur ihm gehört, sondern das in die Welt gegossen werden muss, die er zurückgelassen hat.

Die Rückkehr ist eine ebenso große oder noch größere Prüfung als der Aufbruch. Es ist keine simple Heimkehr, sondern die Reintegration eines Wesens, das nicht mehr dasselbe ist, in eine Umgebung, die unverändert geblieben ist. Der Blick des Helden hat sich verändert, doch die Welt, die ihn empfängt, bleibt blind. Die erworbene Weisheit muss ihren Weg in den Alltag finden, ohne sich in ihm aufzulösen. Wer die Schwelle überschritten und in seine Tiefen hinabgestiegen ist, kann nicht mehr auf dieselbe Weise passen, aber er kann auch nicht im Exil von der Realität verharren. Die finale Aufgabe ist es, das Wissen zu verkörpern, der Transformation zu erlauben, das Gewöhnliche zu erleuchten und das Sterile zu befruchten, ohne sich zu verlieren oder aufzulösen. Denn die Reise ist nicht nur für jenen, der sie antritt, sondern für all jene, die ihren eigenen Ruf noch nicht gehört haben.

14. Alchemie der Liebe: Rituale für die Integration von Anima und Animus

In den Tiefen der Psyche tanzen zwei komplementäre Kräfte in ewiger Bewegung: die Anima und der Animus. Sie sind keine simplen psychologischen Konzepte, sondern lebendige Strömungen, die die menschliche Seele durchqueren und verborgene Aspekte reflektieren, die nach Integration streben. Die Anima, das weibliche Prinzip im Mann, fließt wie ein unterirdischer Fluss aus Intuitionen, Emotionen und Visionen; der Animus, das männliche Prinzip in der Frau, ist die Struktur, die Entschlossenheit und die Vernunft, die die äußere Welt formt. Beide sind Herolde des kollektiven Unbewussten, Hüter einer uralten Wahrheit: Kein Wesen ist vollständig ohne die Umarmung seines inneren Gegensatzes.

Wenn diese Energien nicht anerkannt wurden, tauchen sie durch Projektionen auf und bevölkern die Welt mit Trugbildern. Der Mann, der seine Anima nicht kennt, sucht sie in weiblichen Figuren, die er für göttlich oder bedrohlich hält, oszillierend zwischen idealisierter Liebe und Frustration. Die Frau, die ihren Animus ignoriert, projiziert ihn auf Autoritätsfiguren – seien es Führer, Liebhaber oder Gegner –, gefangen zwischen Unterwerfung und Rebellion. Diese Projektionen sind, weit davon entfernt, ein Fehler zu sein, ein Ruf: ein Reflex, der uns einlädt, nach innen zu schauen, in uns selbst das zu erkennen, was wir uns in anderen ersehnen.

Die Liebe ist in ihrer tiefsten Essenz der Tiegel, wo diese Integration geschieht. Es geht nicht nur um die Bindung an einen anderen, sondern um die geheime Hochzeit zwischen den fragmentierten Teilen unseres eigenen Wesens. Wer liebt, ohne seine Anima oder seinen Animus zu kennen, tut dies durch einen Schleier von Illusionen, sieht sich selbst im anderen, ohne zu verstehen, dass das, was er ersehnt, seine eigene Ganzheit ist. Die Psyche kann, indem sie sich in diesem Spiel der Reflexe erkennt, aus der Beziehung ein Portal der Transformation oder ein Gefängnis ungelöster Schatten machen.

Um das Antlitz von Anima und Animus zu enthüllen, muss der Magier einen Dialog mit seinem eigenen Unbewussten aufnehmen. Es genügt nicht, diese Archetypen zu rationalisieren: Man muss ihnen erlauben zu sprechen, sich zu manifestieren, sich in Träumen, Bildern, kreativen Impulsen zu offenbaren. In der Stille der Introspektion können sie als scharfe Figuren oder als subtile Flüstern erscheinen und den Integrationsprozess leiten. Vielleicht präsentiert sich die Anima als eine Frau aus Wasser und Wind, ätherisch aber intensiv, die unausgesprochene Emotionen flüstert. Vielleicht nimmt der Animus die Form eines Weisen, eines Kriegers oder eines Architekten an und zeichnet mit Festigkeit Handlungswege. Diese Visionen sind keine simplen Fantasien, sondern Botschaften der Seele, die ihr verlorenes Gleichgewicht wiederherstellen möchte.

Die Alchemie der Liebe ereignet sich, wenn der Kampf zwischen diesen beiden Kräften aufhört und die Zusammenarbeit beginnt. Der Mann, der seine Anima umarmt, lernt ohne Furcht zu fühlen, das Leben fließen zu lassen, ohne es kontrollieren zu müssen. Die Frau, die ihren Animus integriert, findet ihre eigene Autorität, ihre innere Stimme, die es ihr erlaubt, mit Entschlossenheit zu handeln, ohne ihre Sensibilität zu verlieren. Und wenn beide Aspekte sich innerhalb eines einzigen Wesens treffen, hört die Liebe auf, eine verzweifelte Suche zu sein, und wird zu einem authentischen Ausdruck der Ganzheit.

So ereignet sich der wahre Ritus der Liebe nicht in der äußeren Welt, sondern im Heiligtum der Psyche. Die Integration von Anima und Animus ist kein unmittelbarer Prozess noch ein definitives Ziel, sondern eine Kommunion, die sich mit jeder Erfahrung, mit jeder Begegnung, mit jedem Akt des Bewusstseins erneuert. Lieben bedeutet letztendlich, sich daran zu erinnern, dass das, was wir im anderen suchen, das Echo dessen ist, was immer in uns gewesen ist und darauf wartet, erkannt zu werden.

15. Psychischer Schutz: Zauber zur Stärkung der Ego-Grenzen

Die Psyche ist ein Heiligtum in sich selbst, eine unsichtbare Domäne, wo Gedanken, Erinnerungen und Symbole die Identität dessen weben, der sie bewohnt. Doch nicht alle Tempel sind befestigt, und wenn die Grenzen des Egos geschwächt werden, öffnen sich Türen, durch die äußere Einflüsse, fremde Emotionen oder verdrängte Fragmente hereinbrechen, die sich mit unkontrollierter Kraft zu manifestieren suchen. Die Fragilität des entblößten Egos verwandelt das Individuum in ein verwundbares Territorium, in ein Schlachtfeld, wo unbewusste Kräfte um die Herrschaft über seinen Willen kämpfen.

Der Magier, der die Natur der Psyche versteht, weiß, dass es nicht genügt, Starrheit aufzuerlegen, denn eine zu starre Mauer kann leicht brechen. Die wahre Verteidigung entspringt der bewussten Flexibilität, der Fähigkeit, das Gleichgewicht zwischen innerer und äußerer Welt zu halten, ohne dass eine die andere überwältigt. Ein starkes Ego ist nicht jenes, das sich mit einer eisernen Rüstung panzert, sondern jenes, das einen subtilen Schild errichtet, eine lebendige Membran, die schützt, ohne zu ersticken, die Verbindung erlaubt, ohne die eigene Macht abzugeben.

Dieser psychische Schild wird nicht aus Stein noch aus Metall konstruiert, sondern aus der luziden Präsenz des Wesens. Jedes Individuum trägt in seinem Inneren ein Energiefeld, das, obwohl unsichtbar, wie eine ätherische Haut fungiert und reguliert, was ein- und austritt, was eigen ist absorbiert und was fremd ist abstößt. Doch dieses Feld ist nicht immer fest. Es gibt Risse, die sich mit Trauma, mit Angst, mit verleugneten Wünschen öffnen, die aus den Kellern des Unbewussten zu entkommen suchen. Der Magier muss seinen Schild kennen, seine Struktur erforschen, die schwachen Punkte aufspüren, wo Furcht oder Unsicherheit die Membran seiner Souveränität durchlöchert haben.

Es ist nicht ungewöhnlich, dass jene, die ihre Verbindung zur Tiefe ihres Wesens vergessen haben, von Kräften überfallen werden, die sie beherrschen, ohne dass sie diese identifizieren können. Die Psyche ist ein Tiegel widersprüchlicher Kräfte, wo Archetypen und Komplexe darum kämpfen, die Kontrolle über das Bewusstsein zu übernehmen. Ein Gedanke, der nicht zum Individuum gehört, kann durch eine nicht anerkannte Verwundbarkeit einsickern; eine fremde Emotion kann sich als eigen installieren, wenn der Schild zu lax ist. Das Risiko liegt nicht nur im Äußeren: Es lauert auch in den dunklen Ecken der inneren Welt, wo vergessene Erinnerungen oder erstickte Wünsche ein Eigenleben annehmen und das Gleichgewicht des Egos untergraben können.

Um Fragmentierung zu vermeiden, kultiviert der Magier eine bewusste Präsenz in seinem eigenen inneren Territorium. Er weist den Schatten nicht zurück, lässt sich aber auch nicht von ihm mitreißen. Er leugnet den Einfluss anderer nicht, löst sich aber auch nicht in ihnen auf. Sein Schild ist keine undurchsichtige Barriere, sondern ein Lichtschleier, der sich dem Fluss der Existenz anpasst und es ihm erlaubt, sich zu bewegen, ohne überfallen zu werden, sich zu verbinden, ohne seinen essenziellen Kern zu verlieren.

Diesen Schild zu stärken erfordert vor allem eine Anerkennung seiner Existenz. Viele haben vergessen, dass ihre Psyche eine Haut hat, und wandeln weit geöffnet, absorbiert von kollektiven Gedanken, fremden Emotionen, Energien, die sich wie Staub auf der Haut der Seele anhaften. Den Sinn für Grenzen zurückzugewinnen ist kein Akt der Isolation, sondern der Souveränität. Der Geist wird, wie ein gut behüteter Tempel, zu einem Refugium, wo die Präsenz des Wesens intakt, unveränderlich, unantastbar bleibt.

Wenn die Psyche geschützt ist, hören äußere Kräfte auf, Macht über das Individuum zu haben. Die Verwirrung löst sich auf, Gedanken klären sich, der Wille wird gestärkt. Der Magier ist nicht länger ein Blatt, das von den Winden der Realität fortgetragen wird, sondern ein fester Baum, dessen Wurzeln ins Unbekannte hinabreichen, während seine Zweige sich furchtlos ins Unendliche erstrecken.

IV. Fortgeschrittene Praktiken

Der letzte Abschnitt führt dich auf eine tiefere Ebene und präsentiert anspruchsvollere Techniken für jene, die bereits Erfahrung mit den grundlegenden Konzepten haben. Hier lernst du, deine eigenen Talismane zu erschaffen, komplexere Rituale durchzuführen und mit ancestralen Energien zu arbeiten. Diese Kapitel zeigen dir, wie du verschiedene Techniken kombinierst und sie an deine spezifischen Bedürfnisse anpasst, sodass du deinen eigenen Stil magischer Praxis entwickeln kannst.

16. Erschaffung psychischer Talismane: Objekte persönlicher Macht

Die Erschaffung psychischer Talismane gründet sich auf die Fähigkeit der Psyche, das Ungreifbare zu materialisieren und alltägliche Objekte in Vehikel archetypischer Kräfte zu verwandeln. Nach Jung ist jeder Akt, ein Objekt mit Bedeutung zu durchtränken, eine Projektion des Unbewussten, ein Dialog zwischen dem Persönlichen und dem Kollektiven, wo Symbole als Brücken zwischen Welten auftauchen. Ein Talisman ist nicht bloßes Metall oder Stein, sondern ein Spiegel des Selbst, ein Rezeptakel, das Fragmente der psychischen Ganzheit einkapselt. Seine Macht liegt in der numinosen Qualität, die er durch die Verbindung mit spezifischen Archetypen erwirbt – die Mutter als nährende Matrix, der Held als transformierende Kraft, der Alte als ancestrale Weisheit –, resonierend mit den tiefsten Schichten des kollektiven Unbewussten.

Die Wahl des Objekts muss sich nach dem Gesetz symbolischer Korrespondenzen richten. Ein Fragment vulkanischen Gesteins repräsentiert beispielsweise nicht nur das Element Feuer, sondern den Phoenix-Archetyp: Zerstörung und Wiedergeburt. Seine poröse Textur, geformt unter tellurischem Druck, evoziert die innere Alchemie, Trauma in Resilienz zu verwandeln. Die Intuition spielt hier eine entscheidende Rolle, denn das Unbewusste leitet zu Materialien, die nicht integrierte Konflikte oder Potenziale reflektieren. Ein auf einem Markt gefundener Anhänger aus oxidiertem Silber kann zum Emblem des Schattens werden, seine Patina der Abnutzung symbolisiert die verborgene Schönheit des Verlassenen. Dieser Auswahlprozess ist an sich ein Ritual der Synchronizität, wo das Objekt den Praktizierenden ebenso „wählt" wie er es.

Die Weihe transzendiert die bloße energetische Aufladung: Sie ist eine heilige Hochzeit zwischen Materie und Psyche. Indem man das Objekt den vier Elementen aussetzt – in fruchtbarer Erde vergraben, mit brennenden Kräutern geräuchert, in Regenwasser getaucht, ihm Absichten in den Wind geflüstert –, wird der kosmogonische Mythos der Schöpfung nachgebildet. Jedes Element aktiviert eine

Ebene der jungschen Triade: Das Wasser verbindet mit Anima/Animus, das Feuer mit dem bewussten Willen, die Erde mit primordialen Instinkten und die Luft mit mentalen Strukturen. Die Verbalisierung von Mantras oder geheimen Namen während dieses Prozesses sucht nicht, das Objekt zu „segnen", sondern einen vibratorischen Code zu etablieren, der zelluläre Erinnerungen in dessen Träger aktiviert. Die wahre Macht entsteht, wenn der Talisman zum Traumschlüssel wird, in Träumen als Führer erscheint oder durch physische Veränderungen – Risse, Farbwechsel – vor psychischen Ungleichgewichten warnt.

Die Beziehung zum Talisman operiert unter dem Spiegelgesetz: Seine Deterioration oder Vitalität reflektiert den inneren Zustand des Besitzers. Eine Kette, die am Hals reißt, könnte die Notwendigkeit signalisieren, karmische Bindungen zu lösen, während ein Kristall, der unter dem Mond an Glanz gewinnt, eine wachsende Einstimmung mit dem Intuitiven anzeigen würde. Dieser stille Dialog erfordert ritualisierte Aufmerksamkeit – keine Anbetung, sondern respektvolle Beobachtung –, wo das Objekt sich in ein taktiles Orakel verwandelt.

Die Magie des Talismans liegt nicht in seiner Form, sondern in seiner Fähigkeit, uns daran zu erinnern, dass alle Materie kondensierte Psyche ist und dass Symbole zu manipulieren bedeutet, die Fundamente der wahrgenommenen Realität zu modifizieren.

17. Rituale der Fülle: Manifestation inneren und äußeren Reichtums

Jung schrieb in seinen Memoiren: „Das Gold, das die Alchemisten suchten, war nicht das Edelmetall, sondern das goldene Licht des expandierten Bewusstseins." Diese Offenbarung zeigt uns, dass wahrer Reichtum keine äußere Akkumulation ist, sondern die Integration der inneren Flüsse psychischer Energie. In der jungschen Weltsicht manifestiert sich Wohlstand als Austausch zwischen dem Eros der Seele und den archetypischen Kräften, die unsere Wertwahrnehmung formen. Die Große Mutter, primordiale Quelle der Versorgung, nährt nicht nur mit überquellenden Brüsten und fruchtbaren Feldern, sondern verschlingt mit derselben Intensität, mit der sie gebiert. In den alten Devotionen an die tellurischen Göttinnen spiegelte sich dieser Zyklus von Fülle und Leere im Tod des Korns unter der Erde vor seiner Wiedergeburt. Jeder Magier, der mit diesem Archetyp arbeitet, muss ihrem hungrigen Mund Tribut zollen: Nichts Neues kann blühen, ohne das Alte zurückzulassen. Ein genuines Ritual der Fülle beginnt nicht mit dem Bitten, sondern mit dem Loslassen – die Ruinen stagnierter

Projekte verbrennen, die Überreste gebrochener Versprechen in fruchtbarer Erde begraben, dem Fluss zurückgeben, was die Angst zurückhalten wollte.

Jede Opfergabe an die Fülle ist im Wesentlichen ein Reflex der inneren Verbindung zur Idee des Wertes. Eine auf dem Altar platzierte Münze ist nicht nur Metall, sondern die Kristallisation des Paktes zwischen dem Magier und seiner eigenen Vorstellung von Verdienst. Eine Frucht auf dem rituellen Tisch ist nicht nur Nahrung, sondern der Spiegel dessen, wie Gelegenheiten metabolisiert werden. Um die Trägheit limitierender Muster zu brechen, müssen symbolische Akte die Beziehung zum Materiellen umstürzen: eine Schuld mit ritualisierten Banknoten bezahlen, die mit Absicht und eigenen Zügen angefertigt wurden, oder an einem Markt teilnehmen, wo Tausch in Vertrauen statt in Währungen gemessen wird. Das Gold der Magie ist nicht das Objekt, sondern die Bedeutung, die der Praktizierende der Realität aufprägt.

Psychischen Reichtum zu säen erfordert mehr als leuchtende Bilder von Licht und

Wohlstand zu beschwören. Das Unbewusste ist ein fruchtbarer Boden, wo auch das Unkraut der Knappheit wächst; es zu erkennen ist der erste Schritt. Die innere Geomantie erlaubt es, diese Räume zu kartieren und energetische Blockaden zu detektieren. Ein Knoten finanzieller Unsicherheit kann seine Wurzeln in der Spannung zwischen dem Archetyp des Bettlers und dem des Tyrannen innerhalb der Psyche haben. Um ihn zu transmutieren, werden korrigierende Symbole in den präzisen Koordinaten der persönlichen Biografie gepflanzt: Einige Zyklen erfordern, Weizen in den vergessenen Feldern der Jugend zu säen, während andere verlangen, die Reben in den Weinbergen der Reife zu beschneiden. Der Mond der Kindheit und die Sonne der Gegenwart müssen ihren Kommunionspunkt im rituellen Akt finden.

Ein wahrhaft fruchtbarer innerer Garten ist nicht jener, wo nur strahlende Blumen wachsen, sondern jener, wo die Wurzeln der Bäume sich mit den Überresten verstorbener Versionen des Ichs verflechten. Die Rosen der Fülle benötigen den Dünger zersetzter Misserfolge. Die Feinde der Ernte – Heuschreckenschwärme des

Zweifels, Blattläuse der Kleinlichkeit – sind nur verkleidete Verbündete, die lehren, die Sprösslinge durch Widerstand zu stärken. Manche fortgeschrittenen Magier kultivieren diese Plagen sogar in einer Ecke des symbolischen Gartens und nutzen sie als Antidot gegen Selbstgefälligkeit. Die Magie des Wohlstands ist keine Panzerung gegen Knappheit, sondern die Fähigkeit, jede Herausforderung in einen Samen des Wachstums zu verwandeln.

Die mächtigsten Rituale der Fülle operieren nicht aus der simplen Opfergabe, sondern aus der Umkehrung von Bedeutungen. Anstatt der Göttin Münzen zu überreichen, werden ihr bezahlte Rechnungen präsentiert, versiegelt mit dem Wachs von Trauerkerzen – ein Akt, wo Schuld sich in eine Brücke zwischen Welten transmutiert. Der Beutel des Glücks füllt sich nicht mit traditionellen Kräutern, sondern mit Fragmenten zerbrochener Spiegel, die das Bild des Goldes in ihren frakturierten Reflexen multiplizieren und das alchemistische Prinzip der Multiplikation durch die Optik des Chaos aktivieren. Fülle bedeutet nicht, grenzenlos zu besitzen, sondern zu verstehen, dass der Fluss nur im Tanz des Gebens und Empfangens existiert, in der Auflösung der Starrheit und der bewussten Hingabe an die Alchemie der Veränderung.

18. Rituale der Heilung: Integration von Körper, Geist und Seele

Gesundheit und Krankheit sind Teil desselben psychischen Prozesses. In der jungschen Sicht existieren sie nicht als unversöhnliche Gegensätze, sondern als Manifestationen eines Gleichgewichts in ständiger Bewegung. Krankheit ist kein Fehler noch eine Strafe, sondern ein Signal, eine symbolische Botschaft des Unbewussten, die verstanden werden will. Aus der Perspektive ritueller Arbeit liegt der Schlüssel nicht darin, Symptome auszumerzen, sondern die verborgene Bedeutung hinter ihnen zu entschlüsseln und der Psyche zu erlauben, ihre Energie in eine heilende Richtung zu reorganisieren.

In der alchemistischen Tradition ist Krankheit das Rohmaterial, das der Prozess spiritueller Transformation durchlaufen muss. Die Nigredo, die dunkle Phase des alchemistischen Prozesses, repräsentiert den Zusammenbruch, die Krise, die Fäulnis des Alten, damit das Neue entstehen kann. Jung verstand, dass psychische Krisen und

Krankheiten der Seele unter derselben Dynamik operieren. Jedes Symptom ist ein Symbol, jedes Leiden ein Ausdruck eines inneren Konflikts, der noch keine Auflösung gefunden hat. Die Arbeit des Magier-Heilers, des Therapeuten, des in die Kunst der Transmutation Eingeweihten besteht darin, den Übergang vom anfänglichen Chaos zur Rekonfiguration der inneren Ordnung zu erleichtern.

Der Einsatz von Ritualen zur Behandlung von Krankheit basiert auf dem Verständnis, dass das Unbewusste nicht auf rationale Logik reagiert, sondern auf die Sprache der Symbole und Akte, die mit Bedeutung geladen sind. Krankheit ist meist mit einer Fraktur in der Psyche verbunden, einer Trennung zwischen Bewusstsein und dem Verdrängten. Rituale operieren als Brücken zwischen diesen Ebenen des Wesens und erlauben dem Gespaltenen, zur Ganzheit zurückzukehren. In praktischen Begriffen bedeutet dies, dass jeder auf Heilung ausgerichtete rituelle Akt drei Elemente artikulieren muss: die Identifikation des symbolischen Konflikts, die Aktivierung eines heilenden Archetyps und die Integration des Prozesses ins Bewusstsein.

Der erste Schritt im rituellen Umgang mit Krankheit ist, ihre Symbolik zu lesen. Jedes Organ und jedes Leiden haben eine Bedeutung innerhalb der Sprache des Unbewussten. In vielen esoterischen Traditionen ist das Herz nicht nur ein Muskel, sondern das Zentrum affektiver Energie; die Leber repräsentiert zurückgehaltenen Zorn; die Lungen die Fähigkeit zu empfangen und loszulassen. Krankheit weist auf einen Lebensbereich hin, der im Ungleichgewicht ist. Aus jungscher Sicht drückt das Leiden nicht nur eine körperliche Dysfunktion aus, sondern eine Spannung zwischen psychischen Aspekten, die versöhnt werden wollen. Zu verstehen, was die Krankheit ausdrückt, ist essenziell, damit das Ritual nicht zu einem leeren Akt wird, sondern zu einer präzisen symbolischen Antwort.

Der zweite Schritt ist die Anrufung einer heilenden Kraft. In jungschen Begriffen impliziert dies, einen Archetyp zu aktivieren, der die kurative Funktion innerhalb der Psyche repräsentiert. Im Tarot können der Eremit, der Magier oder der Stern geeignete Bilder sein. In schamanischen Traditionen erscheint das Krafttier als Führer des Prozesses. In der mystischen Medizin operieren heilende Götter wie Asklepios oder Isis als Vermittler zwischen spiritueller und physischer Welt. Es geht nicht nur um einen Glaubensakt, sondern darum, einen Teil des Unbewussten zu aktivieren, der bereits die Ressourcen zur Heilung besitzt. Diese Archetypen in einem Ritual anzurufen ist kein Aberglaube, sondern eine Strategie, um psychische Energie zur Wiederherstellung des Gleichgewichts zu mobilisieren.

Der dritte Schritt ist die Integration des Prozesses. Es genügt nicht, einen rituellen Akt durchzuführen; die Transformation muss ins Bewusstsein inkorporiert werden. Dies wird durch die Wiederholung von Symbolen im Alltag erreicht, durch die Beobachtung der Träume nach dem Ritual und durch die Modifikation von Gewohnheiten oder Mustern, die zum Krankheitszustand beigetragen haben. In alchemistischen Begriffen ist die Transmutation nicht unmittelbar: Sie erfordert Zeit, Kontinuität und die Bereitschaft, dem Neuen zu erlauben, sich in der psychischen Struktur zu verankern. Aus dieser Perspektive ist Heilung kein Ereignis, sondern ein Prozess, in dem das Ritual ein Katalysator ist.

In dieser Arbeit ist die Rolle des Magier-Heilers nicht die eines omnipotenten Heilers, sondern eines Vermittlers zwischen dem Individuum und seiner eigenen Transformationskraft. Wie es der Archetyp des Chiron ausdrückt, heilt der verwundete Heiler nicht durch seine Perfektion, sondern durch seine eigene Erfahrung von Schmerz, transmutiert in Wissen. Wer den Prozess ritueller Heilung leitet, muss seine eigenen Schwellen durchschritten haben, sich seinem Schatten gestellt haben, um nicht zu einem bloßen externen Facilitator zu werden, sondern zu einem gültigen Zeugen der Reise, die der andere antreten muss.

Aus dieser Sicht hört Krankheit auf, ein Feind zu sein, und wird zu einem Portal. Sie ist keine Abweichung vom Weg, sondern Teil des Weges selbst. Ihre rituelle und jungsche Behandlung sucht keine sofortige Heilung, sondern ein tiefes Verständnis, das es erlaubt, den Fluss der Lebenskraft wiederherzustellen. Die wahre Heilung ist nicht die Elimination von Symptomen, sondern die Integration des Fragmentierten in einen neuen Zustand der Ganzheit.

19. Mondmagie: Zyklen und Rhythmen in der Psyche und den Ritualen

Für Jung war der Mond ein Spiegel der Seele, ein ätherisches Spiegelbild der inneren Zyklen, die uns bewohnen. Sein Licht, manchmal schwach und manchmal voll, erinnert uns daran, dass unsere Psyche ebenfalls durch unsichtbare Rhythmen wandelt, Oszillationen, die verschiedene Facetten unseres Wesens enthüllen und verbergen. Er ist nicht nur ein im Vakuum schwebender Himmelskörper, sondern ein konstanter Einfluss auf unsere Emotionen, ein silberner Faden, der den Teppich des Unbewussten und seiner Mysterien webt. Sein Einfluss beschränkt sich nicht auf das Äußere, auf Gezeiten und auf die Erde geworfene Schatten, sondern erstreckt sich auf die inneren Flüsse des Geistes, katalysiert Transformationen, öffnet Schwellen ins Tiefe.

Jede Mondphase trägt eine verschleierte Bedeutung, einen Puls, der mit den verborgenen Prozessen der Psyche resoniert. Im Neumond, wenn seine Präsenz nur eine Möglichkeit in der Dunkelheit ist, faltet sich die Zeit in sich selbst zurück und ruft zur Introspektion auf. Es ist der Augenblick des Samens, das fruchtbare Territorium, wo das noch nicht Manifestierte seinen Moment des Auftauchens erwartet. Dort, in diesem Schoß der Dämmerung, können Wünsche mit der Gewissheit gesät werden, dass etwas geboren wird. Während der Mond seinen Aufstieg am Himmel beginnt, geschieht dasselbe im Inneren: Das Gesäte keimt, wird stärker, findet seinen Weg in die greifbare Realität. Die zunehmende Phase ist der Impuls des Voranschreitens, die Expansion der Absichten, die in der vorigen Nacht nur Schatten im Denken waren. Es ist der Moment zu handeln, zu nähren, was zuvor nur Intention war.

Wenn der Mond seine Fülle erreicht, intensiviert sich der Einfluss, und das, was sich im Manifestationsprozess befand, erreicht seinen Zenit. Das Licht offenbart das Latente, amplifiziert Emotionen, entblößt die Kontraste zwischen dem, was wir begehren, und dem, was sich wirklich materialisiert hat. Sein Glanz ist Feier und Enthüllung; ein Punkt maximaler Klarheit, aber auch der Verwundbarkeit. Unter seinem Einfluss rühren sich die inneren Kräfte, Offenbarungen tauchen auf, Leidenschaften und verdeckte Konflikte intensivieren sich. Es ist ein Augenblick der Offenbarung und Hingabe, der Ernte und Entscheidung. Was nicht mehr dient, was losgelassen werden muss, erleuchtet sich mit der Dringlichkeit des Unvermeidlichen.

Während der Mond zu schwinden beginnt, tendiert alles zum Rückzug. Die Zeit der Expansion weicht der Reflexion. Es ist die Klinge der psychischen Sense, die die Exzesse schneidet, die einlädt, loszulassen, was beschwert. Die abnehmende Phase ist die Reinigung, das notwendige Loslassen, um das Terrain für das Neue vorzubereiten. Hier reinigt sich die Psyche, der Körper ruht, und Träume nehmen eine offenbarende Qualität an. Der balsamische Mond, letzte Ausatmung des Zyklus, ist der Untergang des Alten, die stille Vorbereitung für eine neue Wiedergeburt. An dieser Schwelle löst sich alles im Mysterium auf, in der fruchtbaren Dämmerung dessen, was seinen nächsten Beginn erwartet.

Die alten Traditionen verstanden diesen Tanz und verwandelten ihn in Ritus. Den Mond zu ehren bedeutete, sich mit den natürlichen Rhythmen der Seele einzustimmen, zu verstehen, dass jede Phase einen Schlüssel enthielt, um auf die inneren Prozesse zuzugreifen. Absichten im Neumond aufzuschreiben und sie bis zu seiner Fülle an einem heiligen Ort aufzubewahren, ist ein Akt der Magie, der die lineare Zeit transzendiert und dem Wunsch erlaubt, sich in der Sprache des Unbewussten zu schmieden. Eine silberne Kerze zu entzünden und während des Vollmonds Worte der Offenbarung auszusprechen, erlaubt es, das Manifestierte zu umarmen und das anzuerkennen, was noch bearbeitet werden muss. In der abnehmenden Phase verbrannten die Alten Symbole dessen, was befreit werden musste, im Vertrauen darauf, dass der Mond in seinem Abstieg mitnehmen würde, was keinen Platz mehr hatte. Diesen Rhythmus in sich selbst zu beobachten bedeutet zu erkennen, wie die Psyche mit dem Himmel atmet, wie das Unbewusste mit den kosmischen Zyklen dialogiert und Muster und Wiederholungen zeigt, die, wenn sie verstanden werden, Klarheit über die inneren Pfade bieten.

Ein Register dieser Veränderungen zu führen, Träume, Emotionen und bedeutsame Ereignisse in Beziehung zur Mondphase zu notieren, ist eine Methode der Selbsterkenntnis, die unsichtbare Verbindungen enthüllt. Mit der Zeit offenbart diese Beobachtung, dass bestimmte Emotionen regelmäßig in bestimmten Phasen auftauchen, dass persönliche Krisen mit Momenten größeren Lichts zusammenfallen oder dass sich Gelegenheiten zur Introspektion mit mehr Kraft in der Dunkelheit des Neumonds präsentieren. Zu schreiben, zu zeichnen oder in Symbolen darzustellen, was jede Phase im Geist weckt, ist eine Weise, diese Zyklen zu verkörpern, sichtbar zu machen, was andernfalls im Schatten verbliebe.

Seit unvordenklichen Zeiten ist der Mond der Leuchtturm des Verborgenen gewesen, die Wohnstätte von Göttinnen, die das weibliche Prinzip in seiner tiefsten und instinktivsten Form verkörpern. Hekate, Selene, Artemis, Lilith und so viele andere Figuren wurden mit seinem Einfluss assoziiert, mit der Fähigkeit, die Reisenden des Unbewussten durch ihre inneren Labyrinthe zu führen. Jene, die ihn ehrten, wussten, dass sein Licht nicht nur ein astronomisches Phänomen war, sondern eine Brücke zwischen dem Greifbaren und dem

Verschleierten, ein Portal zum Unbekannten. Es geht nicht nur darum, zum Himmel zu schauen und seinen Glanz zu bewundern, sondern zu verstehen, dass diese Reflexion auch in unserem Inneren wohnt.

Im Einklang mit diesen Zyklen zu wandeln ist weit mehr als eine äußere Praxis; es ist ein Eintauchen in die geheimen Rhythmen der Seele. Es bedeutet nicht, sich dem Mond zu unterwerfen, sondern zu lernen, mit ihm zu tanzen, seine Einflüsse zu erkennen und sie als Führer auf dem Weg persönlicher Transformation zu nutzen. Indem man sich mit seinem Fluss synchronisiert, erfährt man die Verbindung mit etwas Umfassenderem, mit einer Ordnung, die den individuellen Willen transzendiert. In diesem Dialog zwischen Innerem und Kosmischem wird die Mondmagie zu einem Schlüssel zur Selbsterkenntnis, zu einem Pfad, der das Mysterium des Seins erleuchtet.

20. Schamanismus und Tiefenpsychologie: Reisen in die psychische Unterwelt

Schamanismus und Tiefenpsychologie zeichnen einen Pfad in die Tiefen der Psyche, wo archetypische Kräfte und ancestrale Symbole die Struktur des Wesens konfigurieren. In diesen Traditionen präsentiert sich die psychische Unterwelt als lebendiger Raum, bewohnt von Präsenzen, die das verborgene Gewebe der Identität und ihrer Transformationsprozesse offenbaren. Wer in dieses Territorium eintaucht, kehrt nicht gleich zurück, denn jede Reise bedeutet eine Auflösung und Neukomposition der eigenen Existenz.

Der Schamane und der jungsche Analytiker werden zu Navigatoren dieser unsichtbaren Welten. Beide vermitteln zwischen dem bewussten Bereich und dem Reich der Symbole, leiten die Interaktion mit Bildern und Energien, die den Schlüssel zur Integration des Wesens enthalten. Schamanische Praktiken und die Methoden der Tiefenpsychologie beschränken sich nicht auf passive Beobachtung der Psyche; sie erleichtern Begegnungen mit dem Unbekannten und etablieren eine Verbindung zu Dimensionen der Realität, die nicht allein aus rationaler Logik verstanden werden können.

Der Zugang zu dieser Unterwelt wird durch spezifische Techniken erreicht. Der Klang der Trommel, Meditation, die Einnahme heiliger Pflanzen oder ritueller Tanz generieren Trancezustände, wo die Grenzen zwischen sichtbarer und unsichtbarer Welt durchlässig werden. In der jungschen Psychologie operieren Träume, aktive Imagination und Synchronizitäten auf analoge Weise und öffnen Wege zur symbolischen Sprache des Unbewussten. In beiden Fällen tritt der Reisende in Kontakt mit archetypischen Figuren, die Botschaften übermitteln, Herausforderungen bieten oder vergessene Aspekte seiner Identität offenbaren.

Die Begegnungen mit diesen Bewohnern der psychischen Unterwelt haben einen definierten Zweck. Jedes Bild, jede Präsenz, jede Vision ist ein Fragment des Wesens, das nach Integration strebt. Unter diesen inneren

Verbündeten nimmt das Krafttier einen zentralen Platz ein. In der schamanischen Tradition wird es als Führer anerkannt, der die essentielle Vitalität des Individuums verkörpert, ein tutelare Geist, der Richtung, Schutz und Weisheit gewährt. Aus jungscher Perspektive repräsentiert dieser Archetyp die instinktive und primäre Energie, die im Unbewussten wohnt, eine Manifestation des Selbst, des organisierenden Prinzips der psychischen Ganzheit.

Die Verbindung zum inneren Tier kann auf vielfältige Weisen konstruiert werden. Darüber zu reflektieren, welche Kreaturen eine persistente Faszination ausgeübt haben, welche Stärke oder Vertrauen inspirieren und welche ein Gefühl tiefer Identität wecken, erlaubt es, das Bild zu identifizieren, das diese innere Kraft am besten repräsentiert. Für manche manifestiert es sich als Wolf, Adler oder Schlange; für andere entsteht die Verbindung in einer hybriden Form, einer Chimäre, die aus verschiedenen tierischen Zügen zusammengesetzt ist und die Komplexität ihres Wesens reflektiert. Ein Pferd mit Adlerflügeln, eine Raubkatze mit der List einer Schlange, ein

Hai mit Wolfspfoten – jede Kombination symbolisiert eine einzigartige Synthese von Impulsen, Talenten und latenten Potenzialen.

Dieses Wesen zu benennen ist ein Akt der Anerkennung. So wie Schamanen den Namen ihres Krafttiers in Visionen oder Initiationsritualen empfangen, kann, wer diese Verbindung etablieren will, ihm einen Namen geben, der mit seiner Essenz resoniert. Dieser Name versiegelt die Beziehung zwischen Bewusstsein und instinktiver Energie, verwandelt das innere Tier in einen Verbündeten, mit dem man dialogieren, um Rat fragen und in Momenten der Unsicherheit Führung erhalten kann. In der jungschen aktiven Imagination nimmt dieser Prozess eine ähnliche Form an: Der Praktizierende ruft die Präsenz des Tieres an und erlaubt ihm, sich auszudrücken, etabliert einen Austausch, der über den rationalen Geist hinausgeht.

Die Interaktion mit dem inneren Tier stärkt die Verbindung zur eigenen Natur. Es vor wichtigen Entscheidungen zu konsultieren, über sein Bild in Momenten des Zweifels zu meditieren oder es in Situationen anzurufen, die

Mut erfordern, weckt Aspekte des Wesens, die schlafend geblieben sind. Aus schamanischer Optik gewährt das Krafttier Widerstandskraft und Klarheit und erinnert daran, dass Instinkt ein legitimer Kanal des Wissens ist. Im jungschen Rahmen repräsentiert diese Verbindung die Integration der verdrängten Aspekte der Psyche und erlaubt der Lebenskraft, ohne Hindernisse oder von Kultur oder Erziehung auferlegte Konditionierungen zu fließen.

Jede Begegnung mit diesem Archetyp revitalisiert die Verbindung zwischen bewusster Identität und den Kräften, die sie tragen. Der Schamane lernt, seinem Krafttier als Meister und Beschützer zu vertrauen, ebenso wie der Praktizierende der Tiefenpsychologie eine aktive Beziehung zu seinem inneren Tier als Quelle von Intuition und Weisheit etabliert. Die Existenz reduziert sich nicht auf das Sichtbare noch auf das, was der Geist mit Worten erklären kann; Symbole, Visionen und innere Verbündete sind Teil eines umfassenderen Geflechts, das die menschliche Erfahrung trägt. In diese Unterwelt einzutauchen und mit Wissen zurückzukehren, transformiert die Wahrnehmung der Realität und gewährt die

Gewissheit, dass im Inneren des Wesens eine ancestrale Macht wohnt, bereit, jeden Schritt auf dem Weg der persönlichen Evolution zu leiten.

21. Rituale der Ahnen: Verbindung mit dem kollektiven familiären Unbewussten

Die Rituale der Ahnen sind eine Praxis, die tief in der Suche nach Verbindung mit dem kollektiven familiären Unbewussten verwurzelt ist, einem fundamentalen Konzept in Carl Jungs analytischer Psychologie. Dieser Ansatz basiert auf der Idee, dass jedes Individuum nicht nur von seinem eigenen persönlichen Unbewussten beeinflusst wird, sondern auch von einem familiären Unbewussten, das die über Generationen akkumulierten Erfahrungen, Traumata und Weisheiten enthält. Dieses familiäre Unbewusste kann sich durch Verhaltensmuster, Überzeugungen und Emotionen manifestieren, die von einer Generation zur nächsten übertragen werden und das gegenwärtige Leben des Individuums beeinflussen.

Das jungsche Konzept des familiären Unbewussten bezieht sich auf die geteilten psychischen Elemente, die innerhalb einer Familiengruppe resonieren. Jung schlug vor, dass diese Elemente Archetypen,

Familienmythen und kollektive Erfahrungen einschließen können, die von den Familienmitgliedern internalisiert wurden. Um mit diesem familiären Unbewussten zu verbinden und seine Muster zu entwirren, ist es essenziell, Techniken zu nutzen, die die Identifikation und das Verständnis dieser ererbten Vermächtnisse erleichtern. Eine effektive Technik ist die genealogische Erkundung, wo die Familiengeschichte erforscht und bedeutsame Ereignisse identifiziert werden, die nachfolgende Generationen beeinflusst haben könnten. Diese Praxis kann Interviews mit älteren Familienmitgliedern, die Sammlung historischer Dokumente und die Erstellung eines Stammbaums umfassen, der die Verbindungen zwischen Familienmitgliedern visualisiert.

Eine weitere kraftvolle Technik ist die Arbeit mit Träumen. Jung betrachtete Träume als Fenster zum Unbewussten, wo archetypische Bilder und verdrängte Erinnerungen auftauchen können. Indem man auf familienbezogene Träume achtet oder ein Traumtagebuch führt, das sich auf diese Themen konzentriert, können ancestrale Muster entdeckt werden, die die

Gegenwart beeinflussen. Wenn beispielsweise ein wiederkehrender Traum einen bestimmten Ahnen oder vergangene Familiensituationen involviert, kann dies ein Signal sein, diese Verbindungen tiefer zu erforschen.

Darüber hinaus können Rituale eine effektive Form sein, die Ahnen zu ehren und mit ihnen zu verbinden. Diese Rituale können symbolische Akte einschließen wie das Entzünden von Kerzen zum Gedenken an die Vorfahren, die Erschaffung von Familienaltären oder die Durchführung von Zeremonien, wo Geschichten über sie geteilt werden. Indem man ihre Namen anruft und sich an ihre Leben erinnert, wird eine Brücke zwischen Vergangenheit und Gegenwart etabliert, die es ihren Energien erlaubt, zum Individuum auf der Suche nach Heilung und Verständnis zu fließen.

Meditation kann ebenfalls ein wertvolles Werkzeug sein, um mit dem kollektiven familiären Unbewussten zu verbinden. Während einer geführten Meditation, die auf die Ahnen fokussiert ist, kann man seine Vorfahren visualisieren, wie sie einen umgeben und ihre Unterstützung und Weisheit anbieten. Diese

Verbindung kann die Integration ungelöster oder verdrängter Aspekte erleichtern, die mit der Familiengeschichte zusammenhängen.

In diesem Kontext ist es fundamental zu erkennen, dass die Arbeit mit dem kollektiven familiären Unbewussten nicht nur bedeutet, negative oder limitierende Muster zu entdecken; es ist auch eine Gelegenheit, ererbte Stärken und Ressourcen zu identifizieren. Viele Familien haben Geschichten von Resilienz und Überwindung, die als Inspirationsquelle für gegenwärtige Generationen dienen können. Indem diese positiven Aspekte in den Alltag integriert werden, wird ein Gefühl der Zugehörigkeit und Kontinuität gefördert, das die persönliche Erfahrung tiefgreifend bereichern kann.

ZWEITER TEIL – RITUALE

Rituale operieren als psychische Technologien, die die tiefen Schichten des Unbewussten reprogrammieren und als Interface zwischen bewusstem Willen und den Archetypen des kollektiven Unbewussten fungieren. Wenn ein Symbol durch ritualisierte Gesten verkörpert wird – vom Ziehen von Kreisen bis zur Manipulation bedeutungsgeladener Objekte –, erweckt es primordiale Kräfte, die die Wahrnehmung und, durch Erweiterung, die äußere Realität reorganisieren. Carl Jung verstand, dass diese strukturierten Akte Übersetzungen psychischer Abstraktionen in sensorische Erfahrungen sind: Indem der Praktizierende mit archetypischen Symbolen wie dem reinigenden Feuer oder dem Spiegel, der den Schatten reflektiert, interagiert, aktiviert er universelle Muster, die in die menschliche Psyche eingraviert sind. Dieser Prozess ist nicht mystisch, sondern neurologisch: Das Gehirn verarbeitet ritualisierte Symbole als lebendige Erfahrungen und erschafft neue synaptische Verbindungen, die die bewusste Absicht verstärken.

Der Pygmalion-Effekt – wo Erwartungen Resultate formen – findet hier seinen höchsten Ausdruck. Ein gut gestaltetes Ritual funktioniert als Injektion von Gewissheit ins Unbewusste: Indem man Zeit, Energie und Emotion in symbolische Handlungen investiert wie das Schreiben von Wünschen auf kryptografischem Papier oder das Vergraben von Objekten, die Blockaden repräsentieren, überzeugt sich der rationale Geist von der Unvermeidlichkeit der Veränderung. Wie Rosenthal in seinen Studien demonstrierte, richtet sich unser Verhalten, wenn wir fest an ein Ergebnis glauben, subtil darauf aus, es Wirklichkeit werden zu lassen. Alejandro Jodorowsky führte dieses Prinzip mit seiner Psychomagie zum Extrem und verschrieb surrealistische Akte – wie das Vergraben von Fotos toxischer Eltern unter einem unfruchtbaren Baum –, um generationale Muster zu brechen. Der Schlüssel lag nicht in der Logik der Handlung, sondern in ihrer Kraft, das Unbewusste durch disruptive Symbole zu reprogrammieren, die dem rationalen Widerstand ausweichen.

Archetypen sind keine abstrakten Konzepte, sondern lebendige Energien, die die

Psyche als universelle Muster erkennt. Ein jungsches Ritual ruft diese Kräfte nicht an: Es verkörpert sie. Indem Symbole in spezifischen Ordnungen arrangiert werden – Erde im Norden für Stabilität, Wasser im Westen für Intuition –, werden neuronale Netzwerke aktiviert, die mit diesen Archetypen assoziiert sind. Ritualistische Wiederholung stärkt diese Verbindungen, bis die Absicht sich als subjektive Wahrheit internalisiert. Dieser Prozess hat eine doppelte Bewegung: Er externalisiert psychische Konflikte in Objekte (einen Drachen formen, um Ängste zu repräsentieren) und internalisiert dann die transformierte Energie durch abschließende Handlungen (die Skulptur als befreienden Akt verbrennen). So entsteht ein kognitiver Kurzschluss, der bewussten Widerstand umgeht und sich durch sensorische Erfahrungen auferlegt statt durch rationale Argumente.

Die Neurowissenschaft offenbart, dass Rituale die Inselrinde aktivieren und körperliche Wahrnehmungen mit emotionalen Zuständen integrieren. Repetitive Bewegungen – wie das spiralförmige Entzünden von Kerzen oder das Ziehen von Kreisen mit Salz – senden Signale der „Wahrhaftigkeit" ans Gehirn und verstärken die symbolische Erzählung. Die wahre Macht liegt im psychischen Engagement, das das Ritual verlangt: Materialien vorzubereiten, astrologische Korrespondenzen zu studieren oder präzise Sequenzen zu gestalten, verwandelt passive Absicht in heilige Handlung und aktiviert den Pygmalion-Effekt mit Intensität. Wie Viktor E. Frankl beobachtete, transformiert die Suche nach Bedeutung die Wahrnehmung der Realität. Ein Ritual ist kein Theater: Es ist angewandte Psychologie mit chirurgischer Präzision, die Veränderungen im Labor des Unbewussten ausbrütet mittels Werkzeugen wie dem archetypischen Tarot oder der symbolischen Geografie des persönlichen Altars.

Jodorowskys Psychomagie und jungsche Rituale teilen einen Kern: Symbole als Schlüssel zu nutzen, um das Unbewusste zu reprogrammieren. Wenn ein ritualistischer Akt Archetypen mobilisiert – die Mutter, den Helden, den Weisen –, verarbeitet die Psyche sie als reale Erfahrungen und modifiziert tiefe Überzeugungen. Es geht nicht um Magie im traditionellen Sinne, sondern darum, die zerebrale Plastizität zu nutzen: Das Gehirn unterscheidet nicht zwischen einem gelebten und einem symbolisch mit emotionaler Intensität erlebten Ereignis. So wird das Ritual zur selbsterfüllenden Prophezeiung, wo die Wiederholung bedeutsamer Gesten den Samen dessen ins Unbewusste pflanzt, was später als manifeste Realität aufblühen wird. Der Schlüssel liegt in der Kohärenz zwischen Symbol, Handlung und Emotion: Nur wenn alle drei sich ausrichten, akzeptiert das Unbewusste die neue Erzählung und beginnt, die Wahrnehmung zu filtern, um sie mit der ritualisierten Absicht in Einklang zu bringen.

V. Rituale der Jungschen Magie

Rituale für die Liebe

Innerer Dialog zur Ausbalancierung des Männlichen und Weiblichen

Das Ungleichgewicht zwischen dem Männlichen und Weiblichen in uns kann unsere Liebesbeziehungen sabotieren und uns dazu bringen, in anderen zu suchen, was wir in uns selbst nicht anerkennen. Dieses Ritual nutzt das Schreiben mit der nicht dominanten Hand als symbolische Brücke zur Integration von Anima/Animus und erlaubt es dir, ausgeglichenere und erfüllendere Beziehungen anzuziehen und aufrechtzuerhalten.

Suche zwei Blätter Papier in verschiedenen Farben, zwei Kugelschreiber in unterschiedlichen Farben und eine weiße Kerze.

Setze dich an einen ruhigen Ort und entzünde die Kerze. Nimm das erste Papier und schreibe mit deiner dominanten Hand einen Brief an deinen gegensätzlichen Teil, in dem du ausdrückst, was du in der Liebe suchst und welche Art von Partner du dir sehnst.

Wechsle zum zweiten Papier und nimm den Kugelschreiber mit deiner nicht dominanten Hand. Erlaube deiner Anima/deinem Animus zu antworten und dir zu offenbaren, wie jene Qualitäten, die du in anderen suchst, bereits in dir existieren.

Lies beide Briefe laut vor. Du wirst spüren, wie sich deine Perspektive auf die Liebe zu transformieren beginnt, indem du erkennst, dass der ideale Partner nicht jener ist, der deine Mängel vervollständigt, sondern jener, der deine Ganzheit feiert.

Am siebten Tag verbrenne beide Briefe in der Flamme der Kerze. Von diesem Moment an wirst du entdecken, wie du reifere und ausgeglichenere Beziehungen anziehst.

Spiegel der Liebe zur Heilung von Projektionen

Wiederholte gescheiterte Beziehungen sind häufig das Resultat unbewusster Projektionen, die uns dazu bringen, unsere Partner zu idealisieren oder zu dämonisieren. Dieses Ritual nutzt einen Spiegel als Werkzeug, um diese Muster zu erkennen und zu heilen, und erlaubt es dir, authentischere und erfüllendere Beziehungen zu schaffen.

Du benötigst einen Handspiegel, drei kleine Kerzen und ein Notizbuch mit einem Stift.

Platziere den Spiegel vor dir mit den drei Kerzen, die ein Dreieck um ihn bilden. Entzünde jede Kerze, indem du eine Qualität nennst, die dich intensiv an potenziellen oder aktuellen Partnern anzieht.

Für jede Qualität schaue in den Spiegel und entdecke, wie dasselbe Attribut in dir existiert. Schreibe jede Entdeckung auf und beobachte, wie diese Projektionen deine vergangenen Beziehungen beeinflusst haben.

Lösche die Kerzen eine nach der anderen. In den folgenden Tagen wirst du wahrnehmen, wie sich deine Beziehungen transformieren: Die obsessive Anziehung nimmt ab und erlaubt genuinere Verbindungen, die auf gegenseitiger Anerkennung basieren.

Heiliger Schlüssel zur Etablierung gesunder emotionaler Grenzen

Toxische Beziehungen und unerwiderte Liebe entspringen oft einer Unfähigkeit, gesunde emotionale Grenzen zu etablieren. Dieses Ritual nutzt einen alten Schlüssel als Symbol deiner Macht, dein Herz selektiv zu öffnen oder zu schließen, und erlaubt es dir, gesündere und reziproke Liebesbeziehungen zu schaffen.

Suche einen alten Schlüssel, eine Schale mit Meerwasser oder Wasser mit Salz und ein rotes Band.

Reinige den Schlüssel im Salzwasser, befreie ihn von vergangenen Energien und erkläre deine Absicht, mit Weisheit zu lieben. Binde das rote Band an den Schlüssel, während du dein Recht bekräftigst, bewusst zu wählen, wem du erlaubst, in dein Herz einzutreten.

Jedes Mal, wenn du jemand Neues kennenlernst oder eine bestehende Beziehung evaluieren musst, halte den Schlüssel und frage: „Verdient diese Person Zugang zu meinem Herzen?" Die Antwort wird als klare und eindeutige körperliche Empfindung kommen.

Trage den Schlüssel bei dir oder platziere ihn auf deinem Altar. Mit der Zeit wirst du schätzen, wie deine Beziehungen reziproker und nährender werden, denn du wirst gelernt haben, dein Herz nur jenen zu öffnen, die die Fähigkeit zeigen, deinen heiligen Raum zu ehren und zu respektieren.

Rituale für Fülle

Begräbnis der Knappheit zur Transmutation limitierender Überzeugungen

Die Mentalität der Knappheit ist wie eine giftige Wurzel, die verhindert, dass Fülle in unserem Leben aufblüht. Dieses Ritual nutzt die transformierende Kraft der Erde und einen Sonnenblumensamen, um limitierende Überzeugungen in Wohlstandspotenzial zu transmutieren.

Du benötigst einen Sonnenblumensamen, biologisch abbaubares Papier, einen Stift und einen Blumentopf mit fruchtbarer Erde.

Schreibe auf das Papier alle deine limitierenden Überzeugungen über Geld und Fülle. Sei brutal ehrlich. Während du schreibst, erkenne, wie diese Überzeugungen deine Fähigkeit zu empfangen begrenzt haben.

Falte das Papier und lege es auf den Boden des Topfes. Darüber lege eine Erdschicht und den Sonnenblumensamen. Während du alles mit mehr Erde bedeckst, visualisiere, wie die alten

Überzeugungen sich zersetzen und den neuen Samen der Fülle nähren.

Gieße die Pflanze täglich, und mit jedem Gießen wiederhole eine neue positive Überzeugung. Die Sonnenblume, die sich immer zur Sonne wendet, symbolisiert deine neue Ausrichtung auf Fülle.

Wenn die Pflanze blüht, wirst du deine Beziehung zum Wohlstand vollständig transformiert haben. Die alten Überzeugungen werden zum Substrat für eine neue Mentalität der Fülle geworden sein.

Heiliger Tausch zur Wiederverbindung mit dem intrinsischen Wert

Die übermäßige Abhängigkeit vom Geld hat uns vergessen lassen, welchen intrinsischen Wert Dinge und Erfahrungen haben. Dieses Ritual nutzt den symbolischen Austausch, um sich mit tieferen und bedeutungsvolleren Wertformen zu verbinden und unser Verständnis von Fülle zu erweitern.

Du benötigst einen persönlich bedeutsamen Gegenstand und eine Kerze.

Meditiere über den gewählten Gegenstand und erinnere dich an seine Geschichte und Bedeutung in deinem Leben. Es sollte etwas sein, das du wirklich schätzt, nicht wegen seines Preises, sondern wegen dessen, was es für dich repräsentiert.

Lade einen vertrauenswürdigen Freund zum Ritual ein. Jeder wird seinen Gegenstand präsentieren und seine Geschichte und Bedeutung teilen. Die entzündete Kerze repräsentiert das Bewusstsein, das diesen heiligen Austausch validiert.

Wenn beide fühlen, dass die Gegenstände einen gleichwertigen emotionalen Wert haben, vollzieht den Austausch. Erkenne dabei an, dass du an einer auf Bedeutung und menschlicher Verbindung basierenden Ökonomie teilnimmst, nicht an einer monetären.

In den folgenden Tagen wirst du schätzen, wie sich deine Wahrnehmung von Wert und Fülle über das Monetäre hinaus erweitert und neue Formen eröffnet, Reichtum zu erfahren und zu teilen.

Fluss der Fülle zur Auflösung finanzieller Blockaden

Finanzielle Blockaden sind wie Dämme, die den natürlichen Fluss des Wohlstands verhindern. Dieses Ritual nutzt die Metapher des Wassers und die Kunst, um den Fluss der Fülle in deinem Leben zu visualisieren und zu befreien.

Du benötigst ein großes Aquarellpapier, Farben in verschiedenen Blautönen und ein Gefäß mit klarem Wasser.

Befeuchte das Papier und zeichne einen Hauptfluss, der deinen zentralen finanziellen Fluss repräsentiert. Nutze verschiedene Blautöne, um verschiedene Einkommensquellen als Zuflüsse darzustellen, die sich mit dem Hauptfluss vereinen.

Identifiziere, wo deine finanziellen „Dämme" sind: Schulden, übermäßige Ausgaben, stagnierte Investitionen. Stelle sie anfangs mit dunkleren Tönen dar. Während du malst, fühle den Unterschied zwischen den Bereichen, wo Geld frei fließt, und wo es stagniert.

Mit sauberem Wasser und sanften Pinselstrichen beginne, diese Dämme zu „auflösen". Visualisiere und fühle, wie der Fluss wiederhergestellt wird, wie Ressourcen beginnen, freier in deinem Leben zu zirkulieren.

Wenn du fertig bist, wirst du eine energetische Karte deiner Beziehung zum Geld haben. Hänge sie auf, wo du sie täglich sehen kannst, und du wirst erfahren, wie dein Finanzmanagement flüssiger und natürlicher wird und dem Muster des Wassers folgt, das immer seinen Weg findet.

VII. Selbsterkenntnis

Schatten-Logbuch: Reflexion unbewusster Projektionen

Was uns an anderen am meisten irritiert, ist häufig ein Reflex verleugneter Aspekte unserer selbst. Dieses Ritual nutzt ein spezielles Tagebuch als Spiegel der Seele und erlaubt dir, unbewusste Projektionen zu identifizieren und zu heilen, toxische Urteile zu befreien und deine Beziehungen zu transformieren, indem du deine eigenen Schatten erkennst und akzeptierst.

Du benötigst ein Notizbuch mit schwarzem Einband, einen Stift mit roter Tinte, eine schwarze Kerze und einen feuerfesten Metallbehälter.

Erschaffe einen heiligen Raum für deine Schattenexploration. Auf der ersten Seite schreibe: „Was mich an anderen stört, ist eine Botschaft meines Schattens." Registriere jeden Tag die Situationen oder Personen, die dich signifikant irritiert haben. Zensiere dich nicht; erlaube dem Urteil, frei auf dem Papier zu fließen.

Für jede Situation frage dich: „Wie bin ich selbst dem gleich, was ich kritisiere?" Schreibe deine Entdeckungen mit roter Tinte. Während du schreibst, beobachte die Widerstände, die auftauchen – Verleugnung ist häufig ein Zeichen dafür, dass du einen bedeutsamen Schatten berührt hast.

Am Ende jedes Mondmonats durchsuche deine Einträge nach Mustern. Reiße diese Seiten heraus und verbrenne sie in einem Ritual mit der schwarzen Kerze einzeln im Metallbehälter, während du bekräftigst: „Ich erkenne und akzeptiere diesen Teil von mir."

Mit regelmäßiger Praxis wirst du tiefgreifende Transformationen erfahren: Deine emotionalen Reaktionen werden weniger intensiv, deine Beziehungen authentischer und deine Selbsterkenntnis tiefer. Die Energie, die du zuvor für Projektionen und Urteile aufgewendet hast, wird sich in persönliche Macht und Verständnis verwandeln.

Die Sieben Masken: Integration von Persönlichkeitsfacetten

Unsere verschiedenen „Persönlichkeiten" sind wie Masken, die wir in unterschiedlichen Situationen tragen. Dieses Ritual nutzt die Erschaffung physischer Masken, um deine verschiedenen Facetten zu erforschen und zu integrieren, und erlaubt dir, größere Authentizität, Flexibilität in deinen sozialen Rollen und eine vollständigere Persönlichkeit zu entwickeln.

Du benötigst sieben große Blätter weißes Papier, Farben oder Marker, Gummiband oder Klebeband und einen Ganzkörperspiegel.

Identifiziere deine sieben Hauptrollen oder „Masken". Für jede Rolle erschaffe eine Maske, die repräsentiert, wie du dich in dieser Rolle zeigst. Nutze Farben und Symbole, die die Qualitäten jeder Facette repräsentieren.

Während du jede Maske erschaffst, reflektiere: Wann nimmst du diese Rolle an? Welche Aspekte von dir drückst du aus oder verbirgst du mit dieser Maske? Schreibe diese Reflexionen auf die Rückseite jeder Maske.

Sobald die Masken fertig sind, stelle dich vor den Spiegel und probiere jede aus, beobachte, wie sich deine Haltung, Stimme und Energie mit jeder Rolle verändern. Erlaube den Masken, miteinander zu „dialogieren".

Mit der Zeit wirst du eine natürliche Integration dieser Facetten erfahren: größere Flüssigkeit beim Rollenwechsel, weniger inneren Konflikt zwischen verschiedenen Aspekten deiner Persönlichkeit und ein authentischeres Gefühl, in allen Situationen „du selbst" zu sein. Masken, die du nicht mehr benötigst, können rituell verbrannt werden und symbolisieren die Evolution deiner Persönlichkeit zu einem integrierten und authentischeren Ausdruck.

VIII. Kreativität

Schatztruhe der Inspiration: Amplifikation kreativer Gaben

Kreatives Potenzial ist wie ein Schatz, der darauf wartet, entdeckt und gefeiert zu werden. Dieses Ritual nutzt eine spezielle Box als magischen Katalysator, um deine kreativen Gaben zu manifestieren und zu amplifizieren und dir Zugang zu einem konstanten Fluss der Inspiration zu verschaffen.

Du benötigst eine schöne Box, die dich inspiriert, Papier in verschiedenen Farben, einen goldenen oder silbernen Stift und kleine Objekte, die für dich Kreativität symbolisieren.

Dekoriere deine Box wie eine wahre Schatztruhe der Kreativität. Auf jedes farbige Papier schreibe eine brillante Idee, einen kreativen Traum oder eine Inspiration, die dich begeistert. Falte jedes Papier wie ein Blütenblatt.

Lege deine Papiere in die Box zusammen mit den symbolischen Objekten. Jedes Mal, wenn du etwas hinzufügst, visualisiere, wie sich deine kreative Energie multipliziert.

Wenn du einen kreativen Impuls benötigst, öffne deine Truhe und ziehe ein zufälliges Papier. Jede Idee wird sich mit der Energie des Rituals potenziert haben und dir einen frischen Funken der Inspiration liefern.

Bewahre die Truhe in deinem kreativen Raum auf und füge regelmäßig neue Ideen hinzu. Du wirst überrascht sein, wie diese Praxis deine Kreativität amplifiziert und einen konstanten Fluss neuer Inspirationen und aufregender Projekte generiert.

Tanz der Farben: Intuitive kreative Expression

Kreativität ist ein heiliger Tanz zwischen Inspiration und Ausdruck. Dieses Ritual nutzt intuitive Bewegung und Farbe als Schlüssel, um die Türen zu deiner authentischsten und freudigsten Expression zu öffnen.

Du benötigst eine große Leinwand oder Aquarellpapier, Farben in lebendigen

Farbtönen, die dich anziehen, weiche Pinsel und Musik, die dich zur Bewegung inspiriert.

Erschaffe einen heiligen Raum für deinen Ausdruck. Platziere die Leinwand auf dem Boden oder auf einem großen Tisch. Spiele Musik, die dich mit deiner kreativen Freude verbindet. Schließe die Augen und erlaube deinem Körper, sich sanft mit dem Rhythmus zu bewegen.

Mit sanft geschlossenen Augen lass deine Hände mit den Pinseln über die Leinwand tanzen. Versuche nicht, etwas Spezifisches zu erschaffen – erlaube einfach Farben und Bewegungen, natürlich zu fließen. Während du malst, fühle die pure Freude des Erschaffens ohne Erwartungen.

Wenn du fühlst, dass der Tanz vollständig ist, öffne die Augen und bewundere die Explosion von Farbe und Bewegung, die du erschaffen hast.

Stelle dein Werk an einem sichtbaren Ort aus als Erinnerung an die natürliche Freude des Erschaffens. Dieses Ritual wird einen konstanten Fluss der Inspiration in deinem

Leben aktivieren und dich daran erinnern, dass Kreativität dein natürliches Recht und dein Geschenk an die Welt ist.

IX. Vergebung

Alchemistischer Brief: Transmutation von Schmerz in emotionale Fruchtbarkeit

Nicht freigesetzter Groll ist wie ein Gift, das wir trinken in der Erwartung, anderen zu schaden, das aber nur uns selbst kontaminiert. Dieses Ritual nutzt die transformierende Kraft von Feuer und Erde, um Schmerz in emotionale Fruchtbarkeit zu verwandeln und dir zu erlauben, emotionale Lasten zu befreien und deinen inneren Frieden zurückzugewinnen.

Du benötigst Papier und einen Stift, eine rote Kerze, ein feuerfestes Gefäß und einen Topf mit fruchtbarer Erde. Wenn du einen Samen oder eine kleine Pflanze hast, wird dies für die finale Phase nützlich sein.

Setze dich an einen ruhigen Ort, wo du nicht unterbrochen wirst. Entzünde die Kerze und nimm drei tiefe Atemzüge. Schreibe auf das Papier alles, was du der Person ausdrücken musst, die dich verletzt hat. Zensiere dich nicht

– lass die Wut, den Schmerz, die Enttäuschung fließen.

Während du schreibst, visualisiere, wie jedes Wort das emotionale Gift aus deinem System extrahiert. Wenn du fertig bist, lies den Brief einmal laut vor und erkenne die Gültigkeit deiner Gefühle an.

Halte den Brief über das Gefäß und entzünde ihn mit der Kerze. Während die Flammen das Papier verzehren, visualisiere, wie das Feuer deinen Schmerz in Licht transmutiert. Beobachte, wie die Worte des Schmerzes zu Asche werden.

Sammle die Asche und vermische sie mit der Erde im Topf. Pflanze den Samen oder setze die kleine Pflanze in diese Mischung. Während die Pflanze wächst, wird sie symbolisieren, wie sich dein Schmerz in neues Leben und Weisheit verwandelt hat.

Jedes Mal, wenn du sie gießt, bekräftige dein Engagement für Vergebung und emotionale Erneuerung. In den folgenden Wochen wirst du spüren, wie die Schwere in deinem Herzen leichter wird, ersetzt durch ein tieferes und mitfühlenderes Verständnis.

Zerbrochene Brücke: Transformation emotionaler Narben in Quellen der Stärke

Tiefe emotionale Wunden sind wie zerstörte Brücken, die uns daran hindern, im Leben voranzuschreiten. Dieses Ritual nutzt die Kunst des Kintsugi (Reparatur von Keramik mit Gold) auf symbolische Weise, um emotionale Narben in Quellen von Schönheit und Stärke zu verwandeln und dir zu erlauben zu heilen, während du deine Geschichte ehrst.

Du benötigst einen Keramikteller oder eine Tasse, die du nicht mehr benutzt, goldene Farbe oder einen goldenen Marker und transparentes Klebeband oder breites Klebeband.

Identifiziere eine emotionale Wunde, die du vergeben musst. Nimm das Keramikobjekt und zerbrich es vorsichtig und kontrolliert in mehrere Stücke. Jedes Fragment repräsentiert einen Aspekt der Situation, die Heilung benötigt.

Untersuche jedes Stück. Schreibe auf die Rückseite jedes Fragments ein Wort, das etwas repräsentiert, was du aus dieser schmerzhaften Erfahrung gelernt hast.

Nutze die Farbe oder den goldenen Marker, um Linien zu zeichnen, wo die Stücke sich vereinen werden. Verbinde die Fragmente mit dem transparenten Klebeband und erschaffe goldene Linien, wo zuvor Risse waren. Während du dies tust, erkenne, wie jede goldene „Narbe" eine tiefe Wahrheit repräsentiert, die dich weiser und vollständiger gemacht hat.

Platziere deine Kreation an einem sichtbaren Ort. Jedes Mal, wenn du sie betrachtest, erinnere dich daran, dass deine geheilten Wunden nun Teil deiner Schönheit und deiner Stärke sind. Mit der Zeit wirst du sehen, wie die Geschichte, die dir Schmerz verursachte, sich in eine Quelle der Weisheit transformiert, und Vergebung fließt natürlich, wenn du erkennst, wie jeder „goldene Riss" dich zu dem gemacht hat, der du heute bist.

Fluss der Vergebung: Loslassen des Gewichts des Grolls

Das Gewicht des Grolls ist wie ein Stein, den wir um unseren Hals gebunden tragen und der uns langsam ertränkt. Dieses Ritual nutzt die Kraft des Wassers als Symbol für den natürlichen Fluss des Lebens und erlaubt es dir, emotionale Lasten loszulassen und deine spirituelle Freiheit wiederherzustellen.

Du benötigst einen Stein, den du in deiner Hand halten kannst, einen permanenten Marker und Zugang zu einem Gewässer (es kann ein Fluss, ein See, das Meer oder sogar eine Badewanne sein, wenn du keinen Zugang zu natürlichem Wasser hast).

Halte den Stein in deinen Händen und spüre sein Gewicht. Dieses Gewicht repräsentiert die Last des Grolls, die du getragen hast. Schreibe mit dem Marker ein Wort oder Symbol auf den Stein, das repräsentiert, was du vergeben musst.

Setze dich in die Nähe des Wassers und halte den Stein an dein Herz. Erlaube allen Gefühlen, die mit der Situation assoziiert sind, aufzusteigen – Schmerz, Wut, Traurigkeit. Während du den Stein hältst, erkenne, wie dieses Gewicht dich eingeschränkt hat.

Wenn du fühlst, dass der Moment gekommen ist, stehe auf und wirf den Stein mit aller Kraft ins Wasser und erkläre laut: „Ich wähle meine Freiheit über dieses Gewicht." Beobachte, wie das Wasser den Stein aufnimmt und ihn in seinen Fluss integriert.

Bleibe einen Moment lang und beobachte das Wasser, während du fühlst, wie sich dein Wesen erleichtert. In den folgenden Tagen, wenn schmerzhafte Erinnerungen auftauchen, visualisiere, wie sie wie Wasser fließen, ohne Widerstand. Du wirst wahrnehmen, wie allmählich Vergebung natürlich entsteht – nicht als Willensakt, sondern als natürliche Konsequenz der Wahl deiner eigenen emotionalen Freiheit.

X. Traum

Traumschlüssel: Öffnung der Pforten des Traumgedächtnisses

Die meisten unserer Träume verflüchtigen sich wie Nebel beim Erwachen und nehmen dabei vitale Botschaften des Unbewussten mit sich. Dieses Ritual nutzt einen alten Schlüssel als symbolischen Hauptschlüssel, um die Pforten des Traumgedächtnisses zu öffnen und dir zu erlauben, deine Träume bewusst zu erinnern und mit ihnen zu arbeiten.

Du benötigst einen alten Schlüssel aus Bronze oder Eisen, ein dunkelblaues oder indigofarbenes Band und ein kleines Notizbuch, das dein Traumtagebuch sein wird.

Reinige den Schlüssel mit Wasser und Salz und eliminiere jede Restenergie. Während du ihn trocknest, visualisiere, wie dieser Schlüssel zu deinem persönlichen Pass in die Welt der Träume wird. Binde das blaue Band an den Schlüssel, die Farbe des Nachthimmels und der Traumwelt.

Hänge den Schlüssel in die Nähe deines Bettes, idealerweise dort, wo du ihn beim Zubettgehen sehen kannst und er das Erste ist, was du beim Erwachen siehst. Jede Nacht, vor dem Schlafengehen, nimm den Schlüssel in deine Hände und wiederhole dreimal: „Dieser Schlüssel wird meine Träume öffnen, und beim Erwachen werde ich mich an sie erinnern." Visualisiere, wie der Schlüssel sich in einem alten Schloss dreht und eine Tür zu deinem Unbewussten öffnet.

Platziere das Notizbuch und einen Stift neben dein Bett. Die Präsenz des Schlüssels wird deine Absicht zu erinnern aktivieren und als Anker zwischen der Traumwelt und dem Wachzustand fungieren. Wenn du erwachst, selbst wenn es mitten in der Nacht ist, nimm dir einige Momente, um jedes Traumfragment zu registrieren, an das du dich erinnerst.

Mit der konstanten Praxis dieses Rituals wirst du schätzen, wie deine Traumerinnerungen lebendiger und häufiger werden. Der Schlüssel wird zu einer immer stärkeren Brücke zwischen deinem bewussten Geist und der reichen symbolischen Welt deiner Träume und erlaubt dir, auf die Weisheit und Führung zuzugreifen, die dein Unbewusstes dir zu bieten hat.

Trauminkubation: Empfang von Orientierung aus dem Unbewussten

Unbeantwortete Fragen sind wie verschlossene Türen in unserer Psyche, die uns daran hindern voranzuschreiten. Dieses Ritual nutzt den hypnagogen Zustand (zwischen Wachsein und Schlaf) als Portal, um direkte Orientierung aus dem Unbewussten zu empfangen und dir zu erlauben, Klarheit in Momenten der Entscheidung oder Verwirrung zu erlangen.

Du benötigst ein neues weißes Kissen, einen Amethystkristall (oder einen beliebigen violetten Stein) und ein kleines weißes Papier.

Schreibe deine Frage oder dein Dilemma auf das Papier so klar und prägnant wie möglich. Vermeide Ja/Nein-Fragen; frage stattdessen „wie" oder „welcher Weg". Falte das Papier dreimal und lege es zusammen mit dem Kristall unter das Kissen.

Beim Zubettgehen nimm drei tiefe Atemzüge und visualisiere, wie sich deine Frage in Licht verwandelt, das durch dein drittes Auge eintritt. Wiederhole sanft: „Ich suche Klarheit in meinen Träumen. Möge die Antwort sich mit Deutlichkeit offenbaren." Während du in den Schlaf gleitest, halte deine Frage als letztes mentales Bild.

Beim Erwachen bleibe regungslos und registriere sofort jedes empfangene Bild, jede Empfindung oder Botschaft. Die Antwort kann als Symbol, Metapher oder vollständige Szene kommen. Analysiere sie nicht sofort; lass ihre Bedeutung sich im Laufe des Tages offenbaren.

Mit regelmäßiger Praxis wirst du schätzen, wie deine Träume direkter und offenbarender in ihrer Orientierung werden. Das Kissen wird zu einem persönlichen Orakel, einer verlässlichen Brücke zwischen deinem bewussten Geist und der tiefen Weisheit deiner Psyche.

Ariadnes Faden: Den Weg im Labyrinth der Psyche finden

Momente der Verwirrung und Krise sind wie in einem Labyrinth ohne Führer verloren zu sein. Dieses Ritual nutzt die Symbolik des Fadens und des Labyrinths, um eine Brücke zwischen dem bewussten Geist und der Traumweisheit zu erschaffen und dir zu erlauben, den Weg in komplexen Situationen zu finden.

Du benötigst ein Knäuel roten Fadens, sieben kleine Steine und ein neues Notizbuch, das deine Karte des Traumlabyrinths sein wird.

Wickle einen Abschnitt Faden um dein Bett und forme einen einfachen Kreis. Platziere die sieben Steine in regelmäßigen Abständen auf dem Faden, jeder repräsentiert eine unterschiedliche Bewusstseinsebene. Während du sie platzierst, nenne laut, was jeder repräsentiert: „Intuition", „Gedächtnis", „Weisheit", „Führung", „Klarheit", „Wahrheit" und „Lösung".

Beim Zubettgehen halte das lose Ende des Fadens in deiner nicht dominanten Hand. Visualisiere, wie dieser Faden dich mit den Tiefen deines Unbewussten verbindet. Bevor du schläfst, formuliere deine Frage oder Sorge klar und stelle dir vor, wie sie durch den Faden in die Tiefen deiner Psyche reist.

Beim Erwachen, und bevor du dich bewegst, ziehe sanft am Faden, um die Botschaften zu „sammeln", die während der Nacht angekommen sind. Registriere sofort in deinem Notizbuch jeden Traum, jede Empfindung oder Intuition, die auftaucht.

Mit regelmäßiger Praxis wird dieses Ritual deine Verbindung zur Traumweisheit stärken und dir einen verlässlichen „Leitfaden" bieten, um die Labyrinthe deines inneren Lebens zu navigieren und Antworten auf deine tiefsten Fragen zu finden.

XI. Selbstwertgefühl

Innerer Garten: Kultivierung des inneren Wertes

Destruktive Selbstkritik ist wie Unkraut, das unsere wertvollsten Qualitäten erstickt. Dieses Ritual nutzt die Symbolik des Gartens und des Pflanzenwachstums, um ein positives Selbstbild zu nähren und dir zu erlauben, deinen inneren Wert zu kultivieren und zu stärken.

Du benötigst einen kleinen Topf, fruchtbare Erde, Samen einer Blume, die dir gefällt (vorzugsweise schnell wachsend wie Ringelblume oder Petunie), und kleine Streifen biologisch abbaubaren Papiers.

Schreibe auf die Papierstreifen deine positiven Qualitäten, Errungenschaften und Aspekte, die du an dir selbst bewunderst. Sei spezifisch.

Fülle den Topf zur Hälfte mit Erde. Platziere die erste Schicht Papiere mit deinen Affirmationen und bedecke sie mit einer dünnen Erdschicht. Pflanze die Samen gemäß den Anweisungen und visualisiere, wie jeder Samen das Potenzial deines Wesens repräsentiert. Füge den Rest der Papiere um die Samen herum hinzu und vervollständige mit Erde.

Jeden Morgen und Abend, wenn du deine Pflanze gießt, wiederhole laut eine neue positive Qualität, die du während des Tages an dir bemerkt hast. Während die Pflanze wächst, visualisiere, wie sich deine positiven Qualitäten ebenfalls stärken, genährt von der Aufmerksamkeit und Pflege, die du ihnen gibst.

Während dein Garten blüht, wirst du schätzen, wie deine Selbstkritik abnimmt, ersetzt durch eine echte Wertschätzung für deine einzigartigen Qualitäten. Die Papiere zersetzen sich biologisch, symbolisieren, wie die Affirmationen sich natürlich in dein Wesen integrieren, und die Blumen erinnern dich täglich an deine Fähigkeit zu wachsen und zu blühen.

Lichtkrone: Wiederherstellung von Würde und inhärentem Wert

Selbstkritische Gedanken sind wie Schatten, die unser inneres Licht verbergen. Dieses Ritual nutzt die alte Praxis der

Lorbeerkrone, transformiert in ein modernes Werkzeug persönlicher Ermächtigung, um dein Gefühl von Würde und inhärentem Wert wiederherzustellen.

Du benötigst ein goldenes Band oder eine Schnur, sieben kleine Steine verschiedener Farben und ein spezielles Notizbuch, das dein „Buch des Lichts" sein wird.

Erschaffe deine Krone: fädle die sieben Steine auf die goldene Schnur und verteile sie gleichmäßig. Während du jeden Stein platzierst, weise ihm einen Aspekt deines Wesens zu, der geehrt werden verdient: deine Resilienz, deine Kreativität, dein Mitgefühl, deine Stärke, deine Weisheit, deinen Mut und deine Fähigkeit zu lieben.

Jeden Morgen, bevor du deinen Tag beginnst, setze die Krone auf deinen Kopf und setze dich an einen ruhigen Ort. Berühre jeden Stein nacheinander und erinnere dich an einen spezifischen Moment, in dem du diese Qualität demonstriert hast. Schreibe diese Erinnerungen in dein Buch des Lichts.

Am Ende jeder Sitzung erkläre laut: „Ich erkenne mich als wertvolles und vollständiges Wesen an. Mein Licht ist einzigartig und verdient es zu leuchten." Bewahre die Krone an einem besonderen Ort auf und trage eine der Qualitäten als Fokus des Tages mit dir.

Mit der Zeit wirst du wahrnehmen, wie dein innerer Dialog mitfühlender und affirmativer wird. Die Krone wird zu einer greifbaren Erinnerung an deinen inhärenten Wert, und das Buch des Lichts transformiert sich in ein wachsendes Zeugnis deiner inneren Größe.

XII. Schutzrituale

Ahnenbau: Verankerung psychischer Stabilität

Emotionale Verletzlichkeit ist wie eine Pflanze, die von jedem Wind ausgerissen werden kann. Dieses Ritual nutzt die Verbindung mit der Erde als psychischen Anker, um eine tiefe und dauerhafte Stabilität zu entwickeln.

Du benötigst einen Ort, wo du barfuß sein kannst (Garten, Park oder Topf mit Erde), eine grüne oder braune Kerze und ein Bild oder eine Zeichnung eines Baumes, der dich an Stärke erinnert. Wenn du drinnen bist, dient eine Matte oder ein Teppich als symbolische Verbindung.

Ziehe deine Schuhe aus und pflanze deine Füße fest in die Erde. Schließe die Augen und spüre den direkten Kontakt mit dem Boden. Stelle dir vor, dass deine Füße beginnen, sich in Wurzeln zu verwandeln, zuerst dünn wie Fäden, dann immer dicker und tiefer.

Während die Wurzeln wachsen, visualisiere, wie sie jede Erdschicht durchdringen und Sedimente, Felsen und Mineralien durchqueren. Mit jedem Atemzug erstrecken sich die Wurzeln weiter und weiter und suchen das Zentrum des Planeten selbst. Spüre, wie jede Kritik oder Negativität, die du begegnest, sich in der Erde auflöst und sich in Nährstoffe für deine Wurzeln verwandelt.

Im Moment der größten Verbindung visualisiere, wie sich dein Körper in einen majestätischen Baum verwandelt. Deine Wirbelsäule ist der Stamm, deine Arme sind Äste, die sich zum Himmel erstrecken, und dein Kopf ist eine Krone aus Blättern, die mit dem Wind tanzen. Jedes negative Wort oder jede negative Energie, die zu dir kommt, ist wie Regen, der einfach deine Wurzeln nährt.

Von nun an wird es jedes Mal, wenn du einer herausfordernden Situation gegenüberstehst, ausreichen, tief zu atmen und dich an das Gefühl deiner Wurzeln zu erinnern, die sich mit der Erde verbinden. Deine emotionale Stabilität hängt nicht mehr von äußeren Faktoren ab, sondern von deiner tiefen Verbindung mit der Kraft der Erde selbst.

Kristallschild: Transmutation von Negativität in Stärke

Verletzende Worte sind wie Pfeile, die versuchen, unsere emotionale Rüstung zu durchdringen. Dieses Ritual nutzt einen Kristall als Katalysator, um negative Energie in persönliche Stärke zu transformieren.

Du benötigst einen kleinen klaren Quarz, eine Schnur oder Kette, um ihn zu tragen, und einen Behälter mit Wasser und Salz für seine anfängliche Reinigung.

Reinige den Kristall einige Minuten in Wasser mit Salz. Während du dies tust, visualisiere, wie das Wasser nicht nur den Kristall, sondern auch dein Energiefeld reinigt. Trockne ihn mit einem sauberen Tuch und halte ihn zwischen deinen Händen.

Schließe die Augen und atme tief, stelle dir vor, dass du mit jeder Ausatmung den Kristall mit deiner Schutzabsicht durchdringst.

Visualisiere, wie der Kristall beginnt, mit einem inneren Licht zu leuchten und ein Schutzfeld um dich herum erschafft. Während du den Kristall hältst, erinnere dich an Momente, in denen du dich stark und sicher gefühlt hast, und erlaube diesen Erinnerungen, sich im Stein zu integrieren.

Wenn du fühlst, dass der Kristall vollständig aufgeladen ist, sprich laut seinen Zweck aus: „Du wirst alle Negativität in Licht transmutieren." Platziere ihn an seiner Schnur oder Kette und lege ihn an. Visualisiere, wie sich seine schützende Energie ausdehnt und einen Schild aus kristallinem Licht um dich herum erschafft.

Von diesem Moment an, jedes Mal wenn du negative Worte hörst oder dichte Energien fühlst, berühre den Kristall und spüre, wie er diese Negativität absorbiert und sie in schützendes Licht transformiert. Dein Schild stärkt sich mit jeder Herausforderung und verwandelt Kritik in Katalysatoren deiner eigenen Kraft.

XIII. Jungsche Rituale mit dem Tarot
Rituale für die Liebe

Die Verbindung der Liebenden: Anziehung wahrer Liebe

Dieses Ritual nutzt die archetypische Kraft der Liebenden als Brücke zwischen der idealen Liebe und ihrer Manifestation und erlaubt dir, eine Beziehung anzuziehen, die deine wahre Natur widerspiegelt.

Du benötigst die Karten der Liebenden, die Herrscherin und die Sonne aus dem Tarot, zusammen mit drei roten Papierstreifen und einer dünnen goldenen Schnur.

Schreibe auf den ersten Papierstreifen die Qualitäten, die du dir bei einem Partner wünschst. Auf den zweiten deine eigenen Qualitäten, die du in einer Beziehung anbietest. Auf den dritten schreibe den Satz „Zum höchsten Wohl aller".

Platziere die Karte der Liebenden in die Mitte. Links davon lege die Herrscherin mit deiner Liste der Qualitäten, die du anbietest.

Rechts platziere die Sonne mit der Liste der Qualitäten, die du suchst. Verbinde die drei Karten sanft mit der goldenen Schnur und vereinige sie, ohne sie festzuziehen.

Bewahre diesen Altar für einen vollständigen Mondzyklus. Jede Nacht vor dem Schlafengehen nimm dir einige Momente, um die Karten zu betrachten und zu visualisieren, wie sich die geschriebenen Qualitäten in deinem Leben materialisieren. Am Ende des Zyklus bewahre die Listen in deinem Kissen auf und platziere die Karten unter dein Bett.

Mit der Zeit wirst du bemerken, wie du beginnst, Menschen anzuziehen, die wirklich die Qualitäten widerspiegeln, die du visualisiert hast, während du selbst dich in den Partner verwandelst, der du sein möchtest.

Heilung des Herzens: Befreiung vergangener Lieben

Dieses Ritual nutzt die transformierende Sequenz von Tod, Stern und Sonne, um emotionale Bindungen zu lösen und das Herz für neue Liebeserfahrungen vorzubereiten.

Du benötigst diese drei Karten, ein weißes Blatt Papier und einen kleinen Spiegel.

Während drei aufeinanderfolgender Nächte arbeitest du mit einer unterschiedlichen Karte. In der ersten Nacht platziere den Tod vor dem Spiegel. Schreibe auf das Papier alle Muster und Bindungen vergangener Beziehungen, die du loslassen musst. Schaue dein Spiegelbild durch die Karte hindurch an und sage: „Ich lasse los, was mir nicht mehr dient".

In der zweiten Nacht ersetze den Tod durch den Stern. Lies, was du geschrieben hast, und visualisiere, wie sich jedes Muster in heilendes Licht auflöst. Vor dem Spiegel sage: „Ich öffne mich für Erneuerung und Hoffnung".

In der dritten Nacht platziere die Sonne. Visualisiere dein Herz strahlend und frei, bereit für neue Erfahrungen. Verbrenne das Papier mit deinen Notizen (auf sichere Weise) und sage: „Ich leuchte mit meinem eigenen Licht, ich ziehe wahre Liebe an".

Dieses Ritual wird dir helfen, emotionale Trauer zu verarbeiten und schmerzhafte

Erfahrungen in Weisheit zu transformieren, dich vorbereitend, um gesündere Beziehungen anzuziehen.

Rituale für Wohlstand

Der Thron der Fülle: Manifestation materiellen Wohlstands

Dieses Ritual nutzt die Energie des Herrschers und des Schicksalsrades, um dein Bewusstsein mit Fülle auszurichten und materielle Gelegenheiten anzuziehen.

Du benötigst diese beiden Karten, eine goldene oder vergoldete Münze und einen grünen Kristall (kann Malachit oder Aventurin sein).

Platziere den Herrscher und das Schicksalsrad in einem Winkel wie einen Thron. Lege die Münze zwischen beide Karten und den Kristall vor sie. Diese Anordnung symbolisiert den Thron, von dem aus du deinen Wohlstand manifestieren wirst.

Während neun Tagen (die Zahl des Herrschers im Tarot) setze dich jeden Morgen vor diesen Altar. Halte den Kristall in deiner rechten Hand, während du dein spezifisches finanzielles Ziel visualisierst. Stelle dir vor, wie der Herrscher dir die Autorität verleiht, Fülle zu manifestieren, während das Schicksalsrad die Gelegenheiten in Bewegung setzt.

Nach Abschluss der neun Tage trage die Münze bei dir als Erinnerung an deine Kraft, Fülle zu generieren. Der Kristall kann in deinem Arbeitsraum oder Geschäft bleiben.

Rad des Schicksals: Aktivierung von Wohlstandszyklen

Dieses Ritual nutzt die Symbolik des Schicksalsrades und der Sonne, um positive Zyklen in deinen Finanzen zu aktivieren, idealerweise am Morgen durchgeführt.

Du benötigst diese beiden Tarotkarten, sieben Münzen beliebiger Denomination und einen runden weißen Teller.

Platziere das Schicksalsrad in die Mitte des Tellers und ordne die Münzen ringsum an, einen Kreis bildend. Positioniere die Sonne über dem Rad, leicht überlappend.

Jeden Morgen während einer Woche, bevor du deinen Tag beginnst, drehe eine Münze zur Mitte hin, während du einen spezifischen Bereich erklärst, wo du finanzielles Wachstum sehen möchtest. Der Schlüssel ist Präzision: „Anziehung weiterer Kunden für mein Geschäft" oder „Finden neuer Einkommensquellen in meinem Beruf".

Am siebten Tag, wenn alle Münzen zur Mitte zeigen, trage eine bei dir und verteile die anderen sechs an verschiedenen Orten deines Arbeitsraums oder Geschäfts. Dieses Ritual aktiviert den kontinuierlichen Fluss der Fülle in deinem Alltag.

Rituale für Schutz

Schild des Hierophanten: Schutz vor negativen Energien

Dieses Ritual nutzt die spirituelle Autorität des Hierophanten zusammen mit der Gerechtigkeit, um ein Schutzfeld gegen negative Einflüsse und übel gesinnte Menschen zu erschaffen.

Du benötigst diese beiden Karten, ein Glas Wasser mit Salz und ein weißes Blatt Papier.

Mittags, wenn die Sonne an ihrem höchsten Punkt steht, platziere den Hierophanten und die Gerechtigkeit in einem rechten Winkel. Zeichne auf das Papier ein Quadrat und schreibe hinein die Namen derer, die Schutz benötigen (du, Familie, Zuhause).

Lege das Papier zwischen die Karten und das Glas Wasser mit Salz vor sie. Führe deine Hände dreimal über dieses Arrangement, während du erklärst: „Der Hierophant schützt, die Gerechtigkeit balanciert, kein Übel kann diesen heiligen Raum durchdringen".

Bewahre das Wasser mit Salz drei Tage an einem zentralen Ort deines Zuhauses auf, dann gieße es am Eingang deines Hauses aus. Das Papier kann an einem sicheren Ort aufbewahrt oder verbrannt werden, um den Schutz zu versiegeln.

Umgekehrter Turm: Abwehr von Konflikten und Widrigkeiten

Dieses Ritual transformiert die disruptive Energie des Turms, indem es die Welt nutzt, um

Hindernisse in Wachstumsgelegenheiten zu verwandeln.

Du benötigst die Karte des Turms, die Welt, einen kleinen schwarzen Stein und einen Behälter mit Wasser.

Am Morgen platziere den Turm kopfüber (invertiert) und darüber die Welt in normaler Position. Lege den Stein ins Wasser und lasse ihn den ganzen Tag an einem Ort, wo er natürliches Licht erhält.

Am Abend nimm den Stein aus dem Wasser und halte ihn in deiner rechten Hand, gehe entgegen dem Uhrzeigersinn um deinen Raum herum, während du wiederholst: „Was zu zerstören sucht, verwandelt sich in Fundament, was bedroht, wird zur Stärke".

Platziere den feuchten Stein zwischen die beiden Karten und lasse ihn natürlich trocknen. Sobald er trocken ist, kannst du ihn als Schutzamulett bei dir tragen oder am Eingang deines Zuhauses platzieren.

Rituale für Heilung

Heilende Mäßigung: Physisches und emotionales Gleichgewicht

Dieses Ritual nutzt die balancierende Energie der Mäßigung zusammen mit dem Stern, um Gesundheit und Harmonie in Körper und Geist wiederherzustellen.

Du benötigst diese beiden Karten, zwei Gläser (eines mit Wasser) und eine Prise Salz.

Bei Sonnenaufgang platziere die Mäßigung zwischen die Gläser: eines gefüllt mit Wasser links und eines leer rechts. Positioniere den Stern über dem leeren Glas. Füge die Prise Salz zum Wasser hinzu, während du den Aspekt deiner Gesundheit nennst, der Heilung benötigt.

Während sieben Tagen gieße jeden Morgen das Wasser siebenmal von einem Glas ins andere und visualisiere, wie sich deine Energie ausbalanciert und harmonisiert. Danach trinke einen Schluck des Wassers und bewahre den Rest für den nächsten Tag auf, ersetze das Getrunkene mit frischem Wasser.

Am siebten Tag nutze das verbleibende Wasser, um dein Gesicht oder deine Hände zu waschen und erlaube der heilenden Energie, von deinem Körper absorbiert zu werden.

Der heilende Eremit: Innere Erholung

Dieses Ritual nutzt die introspektive Weisheit des Eremiten und die regenerative Kraft der Sonne, um deine eigenen Heilungsmechanismen zu aktivieren.

Du benötigst diese beiden Karten, einen klaren oder transparenten Stein (Quarz ist ideal, aber es kann jeder klare Stein sein) und ein weißes Papier.

Nachts platziere den Eremiten links und die Sonne rechts. Lege den Stein zwischen beide Karten auf das weiße Papier. Schreibe um den Stein herum in Spiralform die Worte, die deinen idealen Gesundheitszustand beschreiben.

Nimm den Stein und halte ihn in Stille, während du über jedes geschriebene Wort meditierst. Visualisiere, wie das Licht des Eremiten die Wurzel deines Unwohlseins offenbart und die Sonne sie in heilende Energie transformiert.

Schlafe neun Nächte mit dem Stein unter deinem Kissen. Jeden Morgen, bevor du aufstehst, halte den Stein in deinen Händen und erneuere deine Heilungsabsicht.

Rituale für Kreativität

Der schöpferische Magier: Freisetzung kreativen Ausdrucks

Dieses Ritual kombiniert die transformierende Energie des Magiers mit der Inspiration des Mondes, um dein kreatives Potenzial freizusetzen.

Du benötigst diese beiden Karten, einen neuen Bleistift oder Pinsel und ein weißes Blatt Papier.

Während der Abenddämmerung platziere den Magier rechts und den Mond links. Lege den Bleistift oder Pinsel zwischen die Karten und das Papier vor dich.

Ohne nachzudenken beginne zu zeichnen oder zu schreiben, was spontan auftaucht. Urteile nicht, was entsteht. Fahre fort, bis du fühlst, dass der natürliche Fluss stoppt.

Bewahre das Papier drei Nächte unter den Karten auf. Am vierten Tag überprüfe, was du erschaffen hast – du wirst Inspirationssamen und kreative Richtungen finden, die du entwickeln kannst.

Das Rad der Musen: Zyklische Inspiration

Dieses Ritual nutzt das Schicksalsrad und den Stern, um sich mit den natürlichen Zyklen der Inspiration und kreativen Manifestation einzustimmen.

Du benötigst diese beiden Karten, ein kleines Notizbuch und Wasser in einem blauen Behälter.

Platziere das Schicksalsrad auf das Notizbuch und den Stern neben das Wasser. Während sieben Tagen, zur gleichen Stunde, setze dich vor diese Anordnung und befeuchte deine Fingerspitzen im Wasser.

Mit feuchten Fingern blättere sanft durch die Seiten des Notizbuchs, während du das Rad betrachtest. Wenn du den Impuls fühlst, beginne zu schreiben oder zu zeichnen, was auftaucht.

Am Ende der Woche wirst du eine Aufzeichnung haben, wie deine Kreativität zu verschiedenen Momenten fließt. Du wirst Muster und Zyklen bemerken, die du für zukünftige kreative Projekte nutzen kannst.

Rituale für Arbeit und beruflichen Erfolg

Die Krone des Herrschers: Anziehung beruflicher Anerkennung

Dieses Ritual nutzt den Herrscher und die Gerechtigkeit, um berufliche Anerkennung und Karrierefortschritte anzuziehen.

Du benötigst diese beiden Karten, deine Visitenkarte oder deinen Lebenslauf und drei goldene Münzen.

Platziere den Herrscher in die Mitte, die Gerechtigkeit oben, eine symbolische Krone formend. Lege deine Karte oder deinen CV zwischen die Karten und ordne die Münzen in einem Dreieck ringsum an.

Während drei Arbeitstagen, bevor du zur Arbeit gehst, nimm eine Münze und drehe sie, während du ein spezifisches berufliches Ziel erklärst. Am Ende des Tages bringe die Münze in ihre Position zurück.

Am dritten Tag trage die Münzen mit dir zu deinem Arbeitsplatz und platziere sie strategisch: eine in deiner Brieftasche, eine andere auf deinem Schreibtisch und die dritte, wo du deine Arbeitswerkzeuge aufbewahrst.

Der Wagen des Erfolgs: Antrieb beruflicher Projekte

Dieses Ritual kombiniert die Energie des Wagens mit dem Ass der Münzen, um beruflichen Projekten Schwung und Richtung zu geben.

Du benötigst diese beiden Karten, ein quadratisches weißes Papier und einen roten Faden.

Falte das Papier und forme ein kleines Boot. Schreibe in sein Inneres den Namen oder die Beschreibung deines Hauptprojekts.

Platziere den Wagen hinter dem Papierboot und das Ass der Münzen davor, einen symbolischen Weg erschaffend. Verbinde die Karten mit dem roten Faden, unter dem Boot hindurchführend.

Jeden Morgen während einer Woche bewege das Boot ein wenig zum Ass der Münzen hin und visualisiere, wie dein Projekt seiner Verwirklichung entgegengeht. Am Ende der Woche falte das Boot auseinander und bewahre es in deinem Arbeitsraum auf.

Rituale für geistigen Frieden

Die Stille des Mondes: Beruhigung von Angst

Dieses Ritual nutzt den Mond und den Eremiten, um Angst in Ruhe und mentale Klarheit zu transformieren.

Du benötigst diese beiden Karten, ein Glas Wasser und Meersalz.

Während der Nacht platziere den Mond links und den Eremiten rechts vom Glas mit Wasser. Füge drei Salzkörner hinzu, während du deine Hauptsorgen nennst.

Lasse das Wasser die ganze Nacht unter den Karten. Am Morgen, vor Sonnenaufgang, trinke das Wasser langsam und visualisiere, wie das Licht des Eremiten deine Ängste erleuchtet und auflöst.

Wiederhole dies drei aufeinanderfolgende Nächte und bemerke, wie dein Geist mit jedem Ritual klarer und ruhiger wird.

Stern der Gelassenheit: Wiederherstellung inneren Friedens

Dieses Ritual kombiniert den Stern mit der Welt, um einen Raum des Friedens und der Zentrierung zu erschaffen.

Du benötigst diese beiden Karten, einen glatten Stein und ein hellblaues Papier.

Zeichne einen achtzackigen Stern auf das Papier. Platziere die Sternkarte in die Mitte und die Welt an die obere Spitze. Lege den Stein auf die Sternkarte.

Jedes Mal, wenn du dich überwältigt fühlst, setze dich vor diese Anordnung und berühre jede Spitze des gezeichneten Sterns, nenne einen Aspekt deines Lebens, für den du dankbar bist.

Trage den Stein bei dir als Anker der Gelassenheit, der dich an den Frieden erinnert, den du im Ritual kultiviert hast.

Rituale für Weisheit und Klarheit

Orakel der Hohepriesterin: Zugang zur inneren Weisheit

Dieses Ritual nutzt die Hohepriesterin und den Eremiten, um die Kanäle der Intuition und tiefen Weisheit zu öffnen.

Du benötigst diese beiden Karten, ein neues Notizbuch und einen kleinen klaren Kristall (kann Quarz oder transparentes Glas sein).

Platziere die Hohepriesterin vor dir und den Eremiten hinter dem Notizbuch. Der Kristall wird zwischen beide Karten gelegt. Vor dem Schlafengehen schreibe eine spezifische Frage ins Notizbuch.

Lasse diese Anordnung drei Nächte stehen. Jeden Morgen, unmittelbar nach dem Erwachen, schreibe das Erste auf, was dir in den Sinn kommt, ohne zu filtern oder zu urteilen. Die Hohepriesterin wird Antworten durch

Symbole und Intuitionen offenbaren, während der Eremit hilft, sie zu interpretieren.

Am dritten Tag lies alle deine Notizen in chronologischer Reihenfolge – du wirst Muster und klare Botschaften finden, die zuvor nicht evident waren.

Das Kreuz der Elemente: Klärung wichtiger Entscheidungen

Dieses Ritual nutzt vier Große Arkana, um eine Situation aus verschiedenen Perspektiven zu analysieren und Klarheit zu erlangen.

Du benötigst den Magier (Feuer), den Kelch (Wasser), die Herrscherin (Erde) und das Schwert (Luft), zusammen mit einem weißen Papier und einem Bleistift.

Ordne die Karten in Kreuzform an: den Magier oben, den Kelch unten, die Herrscherin links und das Schwert rechts. In die Mitte lege das Papier, wo du deine Frage oder Situation schreiben wirst.

Während vier aufeinanderfolgender Tage fokussiere dich auf eine unterschiedliche Karte und schreibe die Antworten auf diese Fragen:

- Magier: Welche Handlung muss ich ergreifen?

- Kelch: Was sagt mir meine Intuition?

- Herrscherin: Welche Ressourcen stehen mir zur Verfügung?

- Schwert: Was muss ich objektiv analysieren?

Rituale für Familienbeziehungen

Heilung der Linie: Harmonisierung familiärer Bindungen

Dieses Ritual nutzt den Herrscher, die Herrscherin und die Gerechtigkeit, um Familienbeziehungen zu heilen und auszubalancieren.

Du benötigst diese drei Karten, ein Familienfoto (oder eine Liste mit Familiennamen) und einen blauen Faden.

Platziere den Herrscher und die Herrscherin nebeneinander, und die Gerechtigkeit über ihnen, ein Dreieck formend. Das Foto oder die Liste kommt in die Mitte.

Verwende den blauen Faden, um die drei Karten zu verbinden und einen Kreis um das Foto zu bilden. Während neun Tagen berühre jeden Morgen jede Karte, während du einen positiven Aspekt deiner Familie nennst, den du stärken möchtest.

Am neunten Tag löse den Faden und bewahre ihn an einem besonderen Ort deines Zuhauses als Anker familiärer Harmonie auf.

Kreis des Erbes: Ehrung der Ahnenweisheit

Dieses Ritual vereint den Hierophanten mit der Welt, um sich mit der Familienweisheit zu verbinden und Ahnenbande zu stärken.

Du benötigst diese beiden Karten, ein von der Familie geerbtes Objekt (oder einen Stein, der es repräsentiert) und Salz.

Bilde einen Kreis mit Salz um die Karten und das Familienobjekt. Der Hierophant repräsentiert die Familientradition, während die Welt ihre Evolution und Kontinuität symbolisiert.

Während sieben Tagen setze dich vor den Kreis und teile laut eine Familiengeschichte oder Lehre, die du schätzt. Jeden Tag füge etwas mehr Salz hinzu, um den Kreis zu stärken.

Rituale für persönliche Transformation

Wiedergeburt des Todes: Befreiung und Erneuerung

Dieses Ritual nutzt die Sequenz von Tod, Mond und Sonne, um tiefe Transformationen und persönliche Erneuerung zu erleichtern.

Du benötigst diese drei Karten, ein schwarzes Papier, ein goldenes Papier und Wasser in einem transparenten Behälter.

Platziere den Tod auf das schwarze Papier links, den Mond in die Mitte über das Wasser und die Sonne auf das goldene Papier rechts. Auf das schwarze Papier schreibe die Muster, Gewohnheiten oder Situationen, die du transformieren möchtest.

Während drei Tagen arbeite mit einer unterschiedlichen Karte jeden Tag:

- Tag 1 (Tod): Lies das auf dem schwarzen Papier Geschriebene und tauche es dann ins Wasser, lasse die Tinte sich auflösen.

- Tag 2 (Mond): Entnimm das Papier aus dem Wasser und lasse es unter der Mondkarte trocknen. Beobachte, wie sich der Text transformiert hat.

- Tag 3 (Sonne): Auf das goldene Papier schreibe die neue Realität, die du manifestieren möchtest. Platziere beide Papiere unter die Sonne.

Brücke des Gerichts: Bewusstes Erwachen

Dieses Ritual kombiniert das Gericht mit der Welt, um ein bewusstes Erwachen und eine bewusste Transformation zu katalysieren.

Du benötigst diese beiden Karten, sieben kleine weiße Papiere und eine Glocke oder einen Kristall, der Klang erzeugt.

Platziere das Gericht und die Welt getrennt durch die sieben Papiere, eine Brücke zwischen beiden Karten bildend. Auf jedes Papier schreibe eine Qualität, die du in dir erwecken möchtest.

Während sieben Tagen entferne ein Papier pro Tag und bringe die Karten allmählich näher zusammen. Jedes Mal, wenn du ein Papier entfernst, lasse die Glocke oder den Kristall erklingen und lies laut die geschriebene Qualität vor, erkläre sie als gegenwärtige Wahrheit in dir.

Am siebten Tag, wenn die Karten sich treffen, vereinige alle Papiere und bewahre sie an einem besonderen Ort auf oder befreie sie in einem natürlichen Gewässer, falls möglich.

Das Rad des Schicksals: Neuausrichtung des persönlichen Weges

Dieses finale Ritual nutzt das Schicksalsrad zusammen mit dem Magier, um bewusste Kontrolle über deine Lebensrichtung zu übernehmen.

Du benötigst diese beiden Karten, einen Zirkel oder etwas, um einen Kreis zu ziehen, und ein rundes weißes Papier.

Zeichne ein Rad mit acht Speichen auf das Papier. Auf jede Speiche schreibe einen Aspekt deines Lebens, den du bewusst lenken möchtest. Platziere das Schicksalsrad in die Mitte des Papiers und den Magier oben.

Während acht Tagen drehe das Papier täglich eine Speiche weiter und fokussiere dich auf den Aspekt, der unter dem Magier liegt. Ergreife eine konkrete Handlung, so klein sie auch sein mag, die mit diesem Aspekt zusammenhängt.

Nach Vollendung der Rotation bewahre das Papier zwischen den beiden Karten auf und halte es auf deinem Altar oder heiligen Raum als Erinnerung an deine Kraft, dein Schicksal zu beeinflussen.

Diese Rituale persönlicher Transformation repräsentieren die Kulmination der Arbeit mit dem Tarot als Werkzeug bewussten Wandels und vereinen die archetypische Weisheit der Großen Arkana mit der persönlichen Absicht von Evolution und Wachstum.

Epilog: Integration der Magie in den Alltag

Die jungsche Magie transzendiert das isolierte Ritual und wird zu einem lebendigen Gewebe, das die alltägliche Existenz durchdringt. Ihr Wesen liegt darin zu erkennen, dass jede Handlung, so alltäglich sie auch erscheinen mag, einen archetypischen Kern enthält, der aktiviert werden kann. Die Integration des Esoterischen ins Tägliche erfordert eine perzeptuelle Alchemie: die Welt als offenes Grimoire zu sehen, wo Symbole durch die Sprache des Unbewussten sprechen. Routineaufgaben – Essen zubereiten, durch die Stadt gehen, selbst die Stille zwischen Worten – verwandeln sich in Vehikel der Numinosität, wenn sie mit symbolischer Aufmerksamkeit ausgeführt werden. Ein Teller Suppe ist nicht nur physische Nahrung, sondern ein Opfer an die Große Mutter; der Weg zur Arbeit eine Pilgerreise, wo jede Straße einen Aspekt des inneren Labyrinths reflektiert.

Dieser Ansatz erfordert die Kultivierung dessen, was Jung die „transzendente Funktion" nannte: die Fähigkeit, die Spannung zwischen

Gegensätzen zu halten, bis ein drittes transformierendes Element entsteht. In magischen Begriffen bedeutet dies, die Realität als Tiegel zu behandeln, wo sich das Bewusste und das Verborgene verschmelzen. Der Praktizierende lernt, Synchronizitäten nicht als Zufälle zu lesen, sondern als chiffrierte Drehbücher der Seele. Eine zufällige Begegnung mit einem Raben, das Echo einer vergessenen Melodie oder die Wiederholung von Zahlen auf Uhren werden zu Schlüsseln, um den Dialog zwischen dem Ich und dem Selbst zu entschlüsseln. Das Leben selbst wird zu einem kontinuierlichen Orakel, wo selbst Rückschläge ihr Antlitz als verschleierter Meister offenbaren.

Die Nachhaltigkeit dieser Praxis liegt in ihrer eleganten Unsichtbarkeit. Anders als zeremonielle Rituale operiert die integrierte Magie durch Mikro-Riten: mental einen Schutzkreis zu ziehen beim Verlassen des Hauses, den ersten Schluck Kaffee dem Archetyp des Weisen zu widmen oder Schmuck als stille Talismane zu tragen, die an innere Pakte erinnern. Diese scheinbar minimalen Gesten fungieren als Ankerpunkte, die die Verbindung mit den tiefen Schichten der Psyche aktiv halten. Kleidung wird als symbolische Rüstung gewählt – Farben, die spezifische Zustände invozieren, Stoffe, die elementare Energien kanalisieren – und verwandeln das Ankleiden in einen Akt der Anrufung.

Die wahre Macht entsteht beim Verstehen, dass die Individuation selbst der definitive Zauber ist. Jeder Schritt zur Integration des Schattens, jeder Dialog mit Anima oder Animus bildet einen Akt hoher psychologischer Magie. Der jungsche Magier sucht nicht, äußere Kräfte zu beherrschen, sondern ein bewusstes Gefäß des archetypischen Flusses zu werden. Seine Hauptwerkzeuge sind das Paradoxon und die psychische Parrhesia: multiple Wahrheiten gleichzeitig zu halten, während er mutig die dunklen Inhalte des Unbewussten benennt. So ereignet sich das magische Bankett nicht in Vollmondnächten, sondern in der Fähigkeit, den Alltag zu kauen, bis man seinen symbolischen Nektar extrahiert, und das tägliche Brot in eine Hostie der Selbsterkenntnis zu verwandeln.

ENDE

www.ingramcontent.com/pod-product-compliance
Lightning Source LLC
Chambersburg PA
CBHW060526100426
42743CB00009B/1441